麻原彰晃の霊言

オウム事件の「本当の動機」と「宗教的けじめ」

大川隆法
Ryuho Okawa

まえがき

オウム真理教の元・教祖、麻原彰晃《あさはらしょうこう》こと松本智津夫《まつもとちづお》死刑囚は、二〇一八年七月六日午前に死刑を執行された。他の幹部六名も同様だった。

麻原は、死刑執行当日、昼前には霊として、幸福の科学総裁の私のところに現れた。誤解されないように言うとすれば、迷って往《ゆ》く処《ところ》がわからず、旧敵《きゅうてき》に救いを求めに来たのである。この人にはずいぶん迷惑をかけられたので、私の方は何の義理もないのだが、事件の時には、悪霊や悪魔の霊言もたまにはするので、その同じ流れで本書を刊行することになった。

法律的には、これだけしっかり話せる意識があったのだから、判断や行為に当然「責任能力」があり、生前《せいぜん》気がふれたふりをしていても、死刑判決は当然であり、死刑の執行も妥当《だとう》である。

ただ、新聞に「物言わぬ教祖」と書かれた男の心の深層に迫り、宗教的けじめをつけ、被害者の遺族や、まだ彼を信じる者たちを救いたいと思う。

二〇一八年　七月八日

幸福《こうふく》の科学《かがく》グループ創始者兼総裁《そうししゃけんそうさい》　大川隆法《おおかわりゅうほう》

麻原彰晃の霊言　目次

麻原彰晃《あさはらしょうこう》の霊言《れいげん》

――オウム事件の「本当の動機」と「宗教的けじめ」――

二〇一八年七月六日　収録
東京都・幸福の科学総合本部にて

6　かつての左翼《さよく》テロ集団にそっくりな麻原霊の考え方　115

「霊言現象《れいげん》」とは、あの世の霊存在の言葉を語り下ろす現象のことをいう。これは高度な悟《さと》りを開いた者に特有のものであり、「霊媒現象《れいばい》」（トランス状態になって意識を失い、霊が一方的にしゃべる現象）とは異なる。

なお、「霊言」は、あくまでも霊人《れいじん》の意見であり、幸福の科学グループとしての見解と矛盾《むじゅん》する内容を含《ふく》む場合がある点、付記しておきたい。

麻原彰晃《あさはらしょうこう》の霊言《れいげん》

――オウム事件の「本当の動機」と「宗教的けじめ」――

二〇一八年七月六日　収録

東京都・幸福の科学総合本部にて

麻原彰晃《あさはらしょうこう》（一九五五〜二〇一八）

宗教教団・オウム真理教の教祖。本名・松本智津夫《まつもとちづお》。ヨガ修行《しゅぎょう》団体「オウム神仙《しんせん》の会」を基《もと》に、一九八七年、「オウム真理教」を設立、八九年に宗教法人となる。その後、「坂本《さかもと》弁護士一家殺害事件」「松本《まつもと》サリン事件」「地下鉄サリン事件」など、複数の凶《きょう》悪《あく》な殺人・傷害事件を起こし、九五年に逮捕《たいほ》された。二〇一八年七月六日に死刑執行《しけいしっこう》。

スピリチュアル・エキスパート

宇田典弘《うだのりひろ》（幸福の科学副理事長 兼《けん》 総合本部長）

質問者 ※質問順

里村英一《さとむらえいいち》（幸福の科学専務理事〔広報・マーケティング企画《きかく》担当〕兼 HSU講師）

斎藤哲秀《さいとうてっしゅう》（幸福の科学編集系統括《とうかつ》担当専務理事 兼 HSU未来創造学部
芸能・クリエーターコースソフト開発担当顧問《こもん》）

矢内筆勝《やないひっしょう》（幸福実現党総務会長 兼 研修局長）

［役職は収録時点のもの］

1　当時、オウム教はどんな事件を起こしたのか

死刑《しけい》直後にやって来た麻原彰晃《あさはらしょうこう》の霊《れい》

大川隆法　（ため息をついて）「歓迎《かんげい》されない客」というものが世の中にはあるもので して、予想していなかった仕事を急にしなくてはいけなくなりました。

今朝《けさ》ほどから、「どうも今日（二〇一八年七月六日）は、天上界《てんじょうかい》との通信状態が悪いな」と感じており、「あれ？　何となく、悪いなあ。うまくつながらない感じがするなあ」と思っていました。

最初はその理由がよく分からなかったのですが、しばらくして、家内《かない》（幸福の科学総裁補佐《ほさ》・大川紫央《しお》）が、「どうせニュースで流れて新聞にも出るから言っておきますが、例の人たちの死刑《しけい》があったようです」ということを言ったので、「ああ、麻原《あさはら》彰晃《しょうこう》の霊《れい》が来たか」と思ったのです。

「六月ごろに死刑が執行《しっこう》される」という噂《うわさ》もあったのですが、六月には執行せず、幸福の科学の「御生誕祭《ごせいたんさい》」が終わってからでしたので、ホッとしてはいます。「御生誕祭の当日や前日などに執行され、その日に麻原の霊が来たりすると、嫌《いや》だな」と思ってはいたのです。見計らったのかどうか知りませんが、御生誕祭が終わって一日ほどたってから執行されました。

明日《あした》（七月七日）が私の本当の誕生日なので、今日も嫌なあたりではあるのですが、まあ、（死刑執行日に）いつを選んでも嫌なものは嫌でしょう。

オウム教が起こした、二十三年前の「地下鉄サリン事件」の概要《がいよう》

大川隆法　今から二十三年ほど前（収録時点）に、「オウム真理教事件」の一つである、「地下鉄サリン事件」という大きな事件がありました。

十三人が亡《な》くなられ、六千五百人ほどが重軽傷を負った殺人・傷害事件であり、オウム教の教祖や幹部たちが逮捕《たいほ》され、そのうちの十三人について死刑判決が確定しています。

●幸福の科学の「御生誕祭」……　2018年7月4日、さいたまスーパーアリーナを本会場として、大講演会「宇宙時代の幕開け」が開催され、全世界約3500カ所に同時中継された。

今朝ほどに死刑が執行されたのは、そのなかの七人ぐらいでしたか？

里村　「七人が執行された」とのことです。

大川隆法　おそらく、残りの人たちも、「まもなく」と言ったらあれですが、執行されるのではないかと思います。オウム教の死刑囚《しゅう》たちは何カ所かに分散して拘置《こうち》されているようです。

朝、七人の死刑が執行され、昼の十二時四十五分ぐらいに（上川陽子《かみかわようこ》）法務大臣が記者会見をして、それを正式に発表していました。

現在、オウム教の後継団体は三つぐらいに割れて、小さくやっています。その一つである「ひかりの輪」の代表は、かつてオウム教で広報責任者をやっていた上祐《じょうゆう》（史浩《ふみひろ》）氏ですが、死刑執行後、彼はすぐ記者会見をしたようです。

あの人は、「ああ言えば、こう言う」タイプで、「ああ言えば上祐」などと言われた人で、幸福の科学もずいぶん苦しめられたものです。

●**地下鉄サリン事件**　1995年3月20日、東京都内の営団地下鉄（当時）の日比谷《ひびや》線、丸ノ内《まるのうち》線、千代田《ちよだ》線の車両内に猛毒ガス・サリンが散布され、数千人が死傷した事件。

ジャーナリストに伝えた、「坂本《さかもと》弁護士一家失踪《しっそう》事件」の透視《とうし》情報

大川隆法　オウム教に関して話せば、長い話になります。

地下鉄サリン事件からは二十三年ですが、その前の「●坂本《さかもと》弁護士一家失踪《しっそう》事件」からだと、もう二十八年ぐらいたっていると思われます。

それは、要するに、「オウム教の信者になっている人たちを返せ」というような運動をやっていた弁護士の一家が失踪した事件です。

当時、オウム教のことは「サンデー毎日」が追及《ついきゅう》していたのですが、ほかのマスコミは、まだ、そこまで便乗はできないでいました。

「坂本弁護士がどうなったか」ということで、いろいろと揉《も》めてはいたのですが、その坂本弁護士の霊が私のところに来て、「オウム教に殺害された。一家全員が布団《ふとん》巻きにされて運び出されて殺された」と言ったのです。

私は、そのことを伝えたくて、一九九一年ごろに文藝春秋《ぶんげいしゅんじゅう》の厚い雑誌、月刊「文藝春秋」のインタビューを受けたのです。それは幸福の科学についてのインタビューで

●**坂本弁護士一家失踪事件**　1989年11月、横浜弁護士会所属の坂本堤《つつみ》弁護士と妻、長男の一家3人が横浜市の自宅から忽然《こつぜん》と姿を消した事件。1995年9月に遺体が発見された。

はあったのですが、そこの編集者と、女性ジャーナリストの江川紹子《えがわしょうこ》さんが、当時、当会の総合本部があった紀尾井町《きおいちょう》ビルに来ていたので、インタビューが終わったあと、私は、「これはオフレコですが、実は、坂本弁護士の霊が私のところに現れてきたので、それを伝えたくて、この取材を受けたのです」と言いました。

そのころ、坂本弁護士については、生きているか、死んでいるかも分からない状況《じょうきょう》だったのですが、「オウム教の幹部たちが来て家族ごと殺された。布団巻きにされ、連れ去られている」ということを、私のほうは透視《とうし》して伝えたのです。

彼女のほうは、「それはどこですか。海ですか、山ですか。海だという説や山だという説などがいろいろあって、困っているのです」と言うので、「海ではなくて山です。富士山《ふじさん》の方向に連れ去られたと霊が言っています」と私は答えました（注。その後の捜査《そうさ》で、坂本弁護士一家の遺体はいったん山梨県上九一色村《やまなしけんかみくいしきむら》に運ばれ、その後、三カ所に分けて埋《う》められたことが明らかになった）。

私は一九九一年にそういう話をしたのですが、それは記事にはならなかった部分なのです。

一九九〇年代に巻き起こった新宗教ブームの様子

大川隆法　オウム教はもともと、やや劣勢《れっせい》というか、〝灰色〟に見られていたのですが、一九九一年に幸福の科学がものすごく有名になったので、新宗教ブームのようなものが起こり、それにつられて一緒《いっしょ》に出てきました。

そのため、テレビ朝日では、田原総一朗《たはらそういちろう》さんなどが〝悪い企画《きかく》〟をつくり、「朝まで生《なま》テレビ！」でオウム教と幸福の科学とをぶつける企画を立てました。私はさすがに嫌だから出ず、当会の幹部を出したのですが、向こうは、けっこう口が立ちました。

また、理科系的には、あちらのほうが技術的に進んでいる面もありました。当会は〝紙芝居《かみしばい》〟（フリップ）を出して説明したのですが……。

里村　（笑）

大川隆法　あちらはビデオを上映して説明したため、技術的にも当会が負けているような感じの言われ方をしたのです。

あちらは確かに理系的には進んでいて、朝まで討論をしたのですが、オウム教の口数のほうが少し多かったように言われました。

そのあと、私は、ある雑誌で田原総一朗さんのインタビューを受けたのですが、田原さんが、「どうして（「朝まで生テレビ！」に）出ないのですか」と訊《き》くので、「夜中は苦手《にがて》です」と答えたら、「じゃあ、昼間ならいいんですか」と訊かれ、「昼間なら、できないことはない」と言いました。

それで、「サンデープロジェクト」に出ることになったのです。（一九九一年の）十月ぐらいだったでしょうか。

里村　「サンデープロジェクト」への出演は十月です。

大川隆法　日曜日に田原総一朗さんと対談をしました。当初は四十分ぐらいの予定だったのですが、生放送でやっているうちに視聴率《しちょうりつ》がどんどん上がってきたため、「そのままやってください。あとの企画を潰《つぶ》してもよいので、続けてください」というようなことになり、話を続けたのです。

私の出演場面では十七・六パーセントぐらいの視聴率が出て、当時、「サンデープロジェクト」としては過去最高の視聴率だったそうです。

里村　はい。いちばん高かったです。

大川隆法　その番組には、それまで政治家などは嫌がってあまり出なかったのですが、私が出たあと、大物が出るようになったのです。そういう〝おまけ〟付きでした。

また、私を「文藝春秋」で取材した江川紹子さんは、後《のち》に菊池寛《きくちかん》賞をもらったりしていきます。ジャーナリストで私を取材した人は、みな、格が上がり、偉《えら》くなったりするようです。そういう副産物もあったのです。

当時、東京・杉並《すぎなみ》を中心に活動した三つの宗教はよく比較《ひかく》された

大川隆法　今日、死刑執行された麻原は六十三歳《さい》だったと思うので、私より一年と少しぐらい上の年齢《ねんれい》でしたし、教団が始まったのも、ほぼ同じころでした。

なぜかは知りませんが、東京・杉並《すぎなみ》区の西荻窪《にしおぎくぼ》で、同じころに、三つの新宗教が活動していました。幸福の科学と、オウム真理教の前身であるオウム神仙《しんせん》の会と、今はワールドメイトと言っていますが、当時はコスモメイトと言っていたところと、この三つが同じころに、あの辺りで生まれたりしているので、少しややこしいのです。

同時期に始まったものなので、「宗教戦国時代」のような感じで競《きそ》っており、当会に対してライバル心をすごく持っていたと思います。

私たちとしては、何とか、きっちりと正邪《せいじゃ》をつけたかったのですが、新しい宗教同士なので、周りから見て、それほど正邪がはっきりとは分からないところがあり、教義を聞いても、「どっちもどっち」のような感じに見えたようです。

最近も、女優の千眼美子《せんげんよしこ》さんは、「出家《しゅっけ》」という言葉をよく使っていますが、一九

九一年当時、「出家」という言葉を使うと、オウム教のほうが本物っぽく見えたようです。オウム教の出家者は、出家服として、サリーを模したような寸胴《ずんどう》のものを着て、街のなかを宇宙人のように歩き回っていたので、あちらのほうが本物っぽく見えたのです。

一方、幸福の科学の出家者は、背広を着てネクタイをしているので、「これで出家と言えるのか。オウム教のほうが外側は本物らしい」という感じのことを言われたりしました。

そのように、いろいろなことを、「ああでもない。こうでもない」と言われたのです。オウム教と比較《ひかく》されることが多く、私はずいぶん嫌になりました。写真を並べられて、「麻原のほうは、土付き大根、抜《ぬ》いたばかりの大根のような感じがするが、大川さんのほうは、シティボーイというか、都会派である。しかし、都会派だからこそ、こちらのほうが、ある意味では怖《こわ》い」というようなことも言われたりしました。

里村　（笑）

大川隆法　「どこにいるか分からない感じ、都市のなかに潜《ひそ》んでいる感じで、怖い感じがする」と言われたこともあります。

2 当時、オウム教捜査《そうさ》を命懸《いのちが》けで支援《しえん》した幸福の科学

ボツリヌス菌《きん》、サリン、自動小銃《しょうじゅう》まで製造していたオウム教

大川隆法　一九九四年には「ノストラダムス戦慄《せんりつ》の啓示《けいじ》」（製作総指揮・大川隆法）という映画を全国の劇場で公開したのですが、あれも、オウム教のほうはそうとう悔《くや》しかったようです。

それで、向こうは映画をつくるお金がなかったので、自分たちで〝世紀末事件〟を起こし、騒《さわ》ぎを大きくしたようなところもあったのではないかと思います。その意味では、よし悪《あ》し、功罪の両面があり、当会のほうも被《かぶ》らなければいけない面もあるのかもしれません。

そして、九五年には地下鉄サリン事件が起きました。

こちらは科学的知識があまりなく、詳《くわ》しくなかったので、まさか、宗教のなかでボ

ツリヌス菌《きん》を培養《ばいよう》したり、サリンをつくったり、VXガスをつくったりするとは思いませんでした。山梨《やまなし》の施設《しせつ》では自動小銃《しょうじゅう》までつくっていたといいます。

里村　そうです。

大川隆法　まあ、当時は、「宇宙標準で見ると、理科系の面ではだいぶ後《おく》れている地球人」のような私たちでしたね。

里村　はい（苦笑）。

大川隆法　ただ、もし、そこまで怖《こわ》い団体であると分かっていたら、幸福の科学としてもあまり非難しなかった可能性があります。オウム教がそこまでやっているとは思わず、言論で戦っているつもりでやっていたわけです。

サリン等も知りませんでした。工場で毒ガスやサリン、それからロシア製の自動小

●宇宙標準……　2018年7月4日の大講演会「宇宙時代の幕開け」等参照。

銃をまねてつくっていたということだったので、もう本当に殺される寸前でしたよね。

里村　ええ。

大川隆法　そこまで進んでいたわけです。

「假谷清志《かりやきよし》さん拉致《らち》事件」では、幸福の科学職員が目撃者《もくげきしゃ》に

大川隆法　その地下鉄サリン事件の前に、「假谷清志《かりやきよし》さん拉致《らち》事件」というものがありました。

目黒《めぐろ》公証役場の假谷さんという人が、家から出てきたところで袋《ふくろ》をかぶせられ、停《と》まっていたオウム教のワゴン車に押《お》し込《こ》まれて拉致され、山梨の施設のほうに連れていかれたのですが、まさしく、車に連れ込まれるその現場を、幸福の科学の職員四人が目撃《もくげき》してしまったんです。

そのときは、ちょうど職員の引っ越《こ》しか何かの最中だったんですね。

里村　ええ。引っ越し作業中でした。

大川隆法　引っ越し作業中に大人の人が目の前で拉致され、ワイン色もしくはブルー色のワゴン車に乗せられて走り去ったのです。それが目の前で行われたこともあって、やはり、「義を見てせざるは勇なきなり」ということで、幸福の科学の有志が立ち上がり、「假谷さんはオウム教に拉致された」というチラシを撒《ま》いたりして、だいぶ抗議《こうぎ》活動をしたわけです。

そのせいで敵視されたこともあります。反対運動をしていた人たちは、毒ガス等で狙《ねら》われたりしたかと思います。

普段《ふだん》、新聞には広告以外に私の名前が出ることはあ

幸福の科学有志によって、オウム真理教への強制捜査を求める抗議集会やデモが全国各地で展開された。（上写真：1995 年 3 月 18 日に東京都日比谷で行われた、オウム真理教に対して假谷清志さんの解放を求めるデモ行進の様子）

まりないのですが、読売新聞などに「大川隆法氏、殺害未遂《みすい》」というような記事が載《の》って、こちらのほうが「ええっ！」と、びっくりしてしまったこともありました（笑）。当時、幸福の科学の総合本部は、赤坂《あかさか》に近い場所にある紀尾井町《きおいちょう》ビルというところに入っていて、そこは二十六階建ての大きなビルですが、地下の駐車場《ちゅうしゃじょう》は公開スペースになっているため、誰《だれ》でも入れるのです。そこで、オウム教の信者が幸福の科学のスペースに忍《しの》び込み、「そこに停まっている車のなかで、いちばん値段の高そうな、いちばんいい車にＶＸガスを仕掛《しか》けろ」ということで、排気口《はいきこう》にＶＸガスを仕掛けようとしたらしいのです。

里村　はい。

大川隆法　あちらでは、「もう死んでいるはずなのに、なぜ死なないんだ」などと思っていたかもしれません。どうせ、性能が悪かったか、場所がちょっと悪かったかというところかと思われますが、暗殺を狙われたらしいことについて、私のほうは新聞等を見て知ったという状況《じょうきょう》でした。後《のち》に実行犯が自白したので分かったのです。私は「あまり暗殺未遂のことを出されると、ちょっとイメージが悪いから、もう記事に載せるのはやめてくれ」と言ったのですが、そういう事件もありました。

二十四時間の監視《かんし》カメラを仕掛《しか》けていたオウム教

大川隆法　オウム事件があったため、一九九五年は、講演会を開催《かいさい》するのも大変でした。東京ドームは、九一年から年二回ずつで合計十回も私が講演会を行《おこな》ってきた場所なのですが、九五年には、横浜《よこはま》アリーナや東京ドームのように一万人から五万人ぐらいの大きな会場については、警察が、「大講演会を中止してくれないか」と言ってきたのです。「もし、会場内で爆発物《ばくはつぶつ》を投げ込まれたり毒ガスを撒かれたりする事件が起きたら、ものすごい被害《ひがい》が出る。完全に狙われているから、講演をやめてくれないか」と言われたのですが、こちらも強気なので、「ここで引き下がってたまるか」と思って、九五年は最後までやりました。

とはいえ、さすがに、入場時の検査では金属探知機を使うなど、調べ方が厳格になり始めて、私も、「これは宗教がやるものではないな」と思いました。そこで、九六年以降の何年かは、しばらく大行事は控《ひか》えて静かにしていた時期もありますが、そういう経緯《けいい》はありました。

それから、ＶＸガスで暗殺未遂された以外にも、東京の池田山《いけだやま》にあるマンションに住んでいた当時にも、こんなことがありました。

道路に出てすぐのところに駐輪場があるのですが、そこに二十四時間の監視《かんし》カメラを置いて、ビデオを録《と》っていることが分かったのです。「大川隆法の行動パターン」を読もうとしていたのかもしれません。

警察の公安が当会に来て、写真を見せながら「これ、どこか分かりますか」と訊《き》いてきたときに、うちの広報部門は、「いや、どこだか分かりません」と答えたようです。すると、「何を言っているんですか？　おたくの教祖が住んでいるところでしょうが」と言われて、驚《おどろ》いたようです（笑）。「これ、二十四時間録られていますよ。向こうには射撃の名人がいるので、これは射撃で暗殺を狙っているんです。朝に出る時間とか帰る時間とかを全部変えるように」というところまで指示を頂きました。

そのようなこともあって、本当に嫌《いや》な気分でした。多少、VIP《ブイアイピー》になったような気分もなくはありませんでしたが、暗殺されてうれしいわけもありません。「とんでもないものに手を出してしまったな」という感じは受けました。

オウム教も幸福の科学も、ほぼ同時期に始めたにもかかわらず、当会のほうはワーッと人気が出ていたので、あちらは非常に嫉妬《しっと》していたのではないでしょうか。競争心と嫉妬心はあったかなと思います。

「地下鉄サリン事件」の二日前に捜査応援《そうさおうえん》のチラシ百万枚を撒《ま》いた

大川隆法　一九九五年の三月二十日に地下鉄サリン事件が起き、その二日後に警察は防毒マスクを着けて上九一色村《かみくいしきむら》（当時）に乗り込んだのですが、「（他の）宗教のほうが（警察を）応援《おうえん》してくれないと宗教弾圧《だんあつ》になる」というように考えて、ものすごく警察は恐《おそ》れていたのです。

そこで、うちのほうも、『オウム真理教撲滅《ぼくめつ》作戦！』（幸福の科学広報局編、幸福の科学出版刊）という本を、緊急《きんきゅう》出版で堂々と本屋で売り出したわけです。これは、喧嘩《けんか》を売っているようなものですよね。まさか、あんな怖い集団だとは知らなかったのですが、知っていたら、もう少しおとなしくしていたのですけどね。

里村　いえいえ。

大川隆法　当時は、言論でやるつもりでいて、あんな恐ろしい、機関銃までつくっている団体だとは知らなかったので、こんな本も出して警察を応援したりしました。警察の強制捜査《そうさ》があまりに遅《おそ》いので、オウム教の動きのほうが先になるのではないかということをすごく恐れて、地下鉄サリン事件が起きる二日前の三月十八日に、全国で百万枚ぐらいのチラシを撒《ま》きました。「オウム真理教施設を強制捜査してください」というチラシを百万枚、宗教法人幸福の科学の名前入りで撒いたのです。

里村　はい。

『オウム真理教撲滅作戦！』（1995年3月発刊／幸福の科学広報局編／幸福の科学出版刊）

大川隆法　そういうこともあったので、狙われてもしかたがないところはありました。このころは、「正しき者は強くなければいけない」というような気持ちが強かったので、不惜身命《ふしゃくしんみょう》で当会もやってはいたのです。

しかし、実際はけっこう怖いもので、三月三十日の朝には、警察庁長官の國松《くにまつ》（孝《たか》次《じ》）さんが、警備の警官付きで家から出てくるところを狙撃《そげき》されて、大変な重傷を負いました。

里村　はい。

大川隆法　結局、犯人は誰か分からずに、そのままになってしまってはいるのですが、利害関係から見て、ほかに犯人がいるはずはないと思われます。犯行を自供したのが、オウム教の信者である警察官であったため、警察のほうは、それはまずいから、「供述は信じられない」と言って立件しませんでした。あとは、国体に出た射撃の名人などもいたのですが、証拠《しょうこ》がはっきりとつかめないということで、いまだに犯人は捕《つか》まっていません。

警察に山梨《やまなし》での捜査《そうさ》支援《しえん》デモを申し出た幸福の科学

大川隆法　その狙撃事件の何日か前に、國松警察庁長官と私とは、「間接会話」ではありますが、連絡《れんらく》を取り合っていたのです。私のほうからは、当時、女優の小川知子《おがわともこ》さんのお兄さんである小川広報局長に、自民党の三塚博《みつづかひろし》さんに会いに行って話をしてもらいました。

そして、三塚さんから、警察官僚《かんりょう》だった亀井静香《かめいしずか》さんに、さらに亀井さんから國松長官のほうに連絡して、「幸福の科学のほうで何かできることがあれば、やりますよ」「山梨《やまなし》県に、幸福の科学から車を千台ぐらい出して、車列を組んでデモでもやりましょうか」と訊いたのです。

ところが、「いや、そういうのは騒ぎが大きくなるだけなので、やめてください。そのうちに何とかするから、ちょっと待ってください」と、抑《おさ》えるような感じで返事が来たので、「ああ、國松さんは頭の回りが遅いなあ。これは、やられるんじゃないかな」と、私のほうは思ったのですが、案《あん》の定《じょう》、その直後に狙撃されてしまいました。

里村　ええ。

大川隆法　彼は、「警察庁のほうは事務官僚なので関係がない。警視総監のほうが警察実務をやっているから、狙われるとしたら警視総監のほうだろう」と考えていました。それで、警視総監の社宅のほうが警備が厳重になっていて、自分のほうは事務の統括《とうかつ》のトップだから、やられないだろうと思っていたようです。しかし、オウム教のほうは、そんなことが分かるわけもなく、「警察でいちばん偉《えら》いところ」を狙うに決まっていますので、あそこをやられると私は思っていたのです。

國松さんは私の大学の先輩《せんぱい》であり、東大の剣道《けんどう》部の先輩でもあるのですが、「こんな鈍《にぶ》い動きをしていたら、やられるな」と思いました。オウム教は動きがものすごく速かったので、やられるのではないかと思ったら、案の定、狙撃されて、その後、やっと本気で動き始めたような状況ではありました。そんなことがあり、私たちも、修羅場《しゅらば》、鉄火場《てっかば》をくぐってきたわけです。当会の若い人たちには能力の高い方も多いと思いますが、昔の先輩がたも、私と一緒《いっしょ》に、そういう殺される危険のあるなかでいろいろなことをやってきているので、少しは尊敬してあげてください。

里村　（笑）

大川隆法　今は、もうそういうことはあまりなくなって、平和になっているので分からないでしょうが、けっこう怖い、あとでゾゾッと来るようなことではありました。まあ、よく平気で戦ったものだなと思います。

オウム教は幸福の科学を騙《かた》って「爆発物事件《ばくはつぶつじけん》」も起こした

大川隆法　ただ、そのあと、幸福の科学もレンタルの事務所のままでやっていると、何かいろいろ仕掛《しか》けられる可能性もありますし、大家《おおや》さんから追い出されたりしたら居場所がなくなるので、「やはり、自前の建物を建てなければいけない」と思って、宇都宮《うつのみや》に総本山《そうほんざん》をつくったわけです。いざというときの〝最後の拠点《きょてん》〟をつくっておかないと、これは危ないと思ったのです。

実際にそのとおりで、オウム教は、彼らのことを擁護《ようご》していた宗教学者の島田裕巳《しまだひろみ》さんのマンションの玄関《げんかん》に爆発物《ばくはつぶつ》を仕掛けて爆破させ、それを幸福の科学の仕業《しわざ》に見せかけるようなことまでやったのです。

それから、オウム教の建物に自分で爆発物を投げ込んだりもしました。

里村　オウムの東京本部にですね。あれも自作自演でした。

大川隆法　そんなことをして、自分たちがやられているように見せたりしていたのです。ああいう悪いことを平気でできましたね。「ずる賢《がしこ》いなあ」と思いましたけど。

里村　はい。幸福の科学の名前入りのチラシをわざと置いて。

大川隆法　そうそう。ああいうことまでやられたので、当会のほうも、やはり、生き残るためには、そうとう知恵《ちえ》を絞《しぼ》らないと大変だなと思いました。

オウム事件を機に、悩乱《のうらん》した新宗教学者は引っ込《こ》み始めた

大川隆法　でも、これには難しい問題があって、イスラム教でジハード（聖戦）とか言ってテロなどをやっていますが、反対側から見ると、オウム教も似たように見えるところがあるのです。宗教の正邪《せいじゃ》の判定のところは、難しいものが実際はあります。

宗教学の泰斗《たいと》と言うべき山折哲雄《やまおりてつお》先生のような人でも、このオウム事件のあと、宗教の正邪が分からなくなって、悩乱《のうらん》してしまったようです。

親鸞聖人《しんらんしょうにん》の「悪人正機説《あくにんしょうきせつ》」というものがあり、「善人なおもて往生《おうじょう》をとぐ。いわんや悪人をや」で、「善人でも成仏《じょうぶつ》できるのだから、悪人ほど、もっと仏は救われるはずだ」というような言葉が、『歎異抄《たんにしょう》』のなかにはあります。

麻原彰晃という人を分析《ぶんせき》すると、どう見ても、「現代の悪人」としか思えないわけです。そうすると、親鸞の教えが正しければ、「悪人である麻原は救われる」ということになってしまいます。

それで、「いったいどういうことなんだ」と、山折先生は自分でも分からなくなってきたということです。

ほかの新宗教学者たちも、新宗教ブームのときは、たくさん出てきていろいろなことを言っていましたが、オウム事件以後は、だんだん口をすぼめて引っ込《こ》み、隠《かく》れ始めたような状況で、正邪が分からなくなってしまったのです。

宗教界については、上がるときは全部が上がり、下がるときは全部が下がるような感じがあり、一九九五年の終わりごろには、宗教法人法が改正されたりして、財務の内容を提出させられるなど、いろいろな義務付けがなされたのです。

里村　はい。

大川隆法　そのように、ちょっと宗教界全体に迷惑《めいわく》がかかったこともありました。私たちも、オウム教の摘発《てきはつ》にはだいぶ協力したのですが、そちらのほうは報道してくれないので残念だったなと思っています。

まあ、概要《がいよう》はそんな感じです。

3　法律的けじめのあとに「宗教的けじめ」を迫《せま》る

麻原彰晃の生前の経歴と死後の言葉

大川隆法　問題は、この麻原彰晃自身は熊本《くまもと》の盲《もう》学校出の方ではあるのですが、教団内では自分の周りを、理系のエリートというか、東大出の理系のような人たちで固めていたことです。灘《なだ》高から東大医学部を出ているような人とか、東大の理Iを出ているような人とか、こんな人たちで周りを固めて、すごい高学歴宗教だということを見せて、それで勧誘《かんゆう》をやっているようなところがありました。

このへんのところで、以後、東大の医学部にも面接試験が入ったりして、迷惑《めいわく》を被《こうむ》ってはいるのです。

幸福の科学のほうも高学歴宗教ではあったのですが、「オウム教のほうが高学歴度が高いのではないか」というようなことを、新宗教学者などには言われたりしました。

里村　うーん。

大川隆法　まあ、同時代で宗教の優劣《ゆうれつ》、正邪《せいじゃ》の判定をするのは、なかなか難しいところがあると感じます。

麻原彰晃は、チベットで密教修行《みっきょうしゅぎょう》をしたとか称《しょう》して、あんな格好をし、ヨガのようなものを見せたりしていたので、（新宗教学者は）「外見からすると、あちらのほうが正統な仏教らしい」というようなことを言っていましたし、あちらも仏陀再誕《ぶっださいたん》のようなことを言ったりしていました。

ところが、当会のほうが大きくなって世の中に知られてくるようになると、あちらのほうは、「マイトレーヤー仏陀（弥勒仏《みろくぶつ》）なのだ」というようなことを言い出しました。

里村　はい。

大川隆法　そのような感じのことを言ってみたり、あるいは、「インドの破壊《はかい》の神であるシヴァ神の生まれ変わりだ」というようなことを言ってみたり、いろいろなことを言ってはいましたね。

そういう教義上の争いも多少あったとは思います。

いろいろなことがありましたが、今朝《けさ》、（麻原の霊《れい》と）少し話をしてみた感じでは、逮捕《たいほ》から二十三年、死刑《しけい》確定から十二年たっており、年も取ったので、昔ほど過激ではないような感じはしました。ただ、まだ〝毒素〟は持っていると思います。

まあ、うちに来るだろうなとは思っていたので、しかたがないでしょう。

一回は相手をしなければいけないとは思いますが、「何が間違《まちが》っていたのか」を、分かるような言葉で明らかにし、できればきちんとした後世の資料になるようにしたいと思います。

これは、北朝鮮《きたちょうせん》の初代と二代目の霊言《れいげん》を録《と》ったのと一緒《いっしょ》ですよね。

里村　はい。

●北朝鮮の初代と二代目の霊言　『北朝鮮の未来透視に挑戦する』『北朝鮮 崩壊へのカウントダウン　初代国家主席・金日成《キムイルソン》の霊言』（共に幸福の科学出版刊）、『北朝鮮――終わりの始まり――』（幸福実現党刊）参照。

大川隆法　本人が朝に訊《き》いてきたのは、「もし、おまえらがわしを悪魔《あくま》と言おうとするんだったら、ヒットラーやスターリンよりも偉《えら》いのか偉くないのか」という（笑）、こんなことを訊いてきたのです。

私は、「いや、スターリンはどうだろうね」と言って、少し話をしたのですが、「どうせ悪魔にされるのなら、今度は偉ければ偉いほどいい」ということもあるようです。

まあ、本心でどう思っているかは知りませんが、そんなことを言っていました。

ただ、本霊言が本になって出るような場合には、オウム教の後継《こうけい》団体が小さいけれども三つほどあるので、うまく逆利用されたりしないようにしなければいけないし、「キリストの復活」のように使われたりしないようにはしなければいけません。

成仏《じょうぶつ》しかねて訪ねてきた麻原霊《れい》に「宗教的けじめ」を問う

大川隆法　結局、「成仏《じょうぶつ》しかねて訪ねてきた」という、よくあるパターンではあるということですね。まあ、私には来られる義理はないんですけれどもね。

里村　そうですね。はい。

大川隆法　実際上、義理はないのですが、いちおう、「宗教戦国時代」としてやり合ったことはあるので、その点から見て、「けじめ」はつけなければいけないのかなと考えています。法律的には、裁判と死刑執行《しっこう》で「けじめ」はついたのかもしれませんが、宗教的には、まだ「けじめ」がついてはいないところがあるのです。

ただ、今朝、死刑になったばかりの教祖の霊《れい》なので、私の弟子《でし》（スピリチュアル・エキスパート●）のほうにいきなり入れるのは、ややリスクがあります。

そこで、いったん私のほうに入れて霊言をやってみて、だいたいの〝毒性度〟を測り、話ができそうだったら、そちらに入れて、私も彼に話をしなければいけないかなと思っています。

場合によっては、弟子のほうに入れると霊が出て行かなくなる可能性があって、ずっと居座《いすわ》られたら、もう、仕事ができなくなります。私の場合は出せますが、弟子の

●スピリチュアル・エキスパート　幸福の科学で、霊を降ろして霊言をすることが可能な者。いわゆるチャネラーのこと。

ほうは、取り憑《つ》かれたら出せない可能性があるんですよ。

里村　はい。

大川隆法　ちょっと、そのへんの可能性はあって、おそらく、行くところがないから、どこかに居座りたいはずです。

里村　（苦笑）はい。

大川隆法　では、行きましょうか。

斎藤　お願いいたします。

大川隆法　それでは、地下鉄サリン事件を起こし、死刑判決を出され、今朝ほど死刑になりました、オウム真理教の教祖・麻原彰晃氏の霊をお呼びいたしまして、今思っていることをお話しいただき、宗教的に幸福の科学の考えと何がどう違っていたのか、宗教的なけじめをつけさせていただきたいと思います。

麻原彰晃の霊よ、幸福の科学総合本部に出《い》でたまいて、その本心をお語りください。

お願いします。

（約五秒間の沈黙《ちんもく》）

4　仏教用語の基本解釈《かいしゃく》を間違《まちが》う麻原霊《れい》

麻原霊の主張

「弱くて警察を倒《たお》せなかった」

里村　麻原彰晃氏でいらっしゃいますでしょうか。

麻原彰晃　うん、まだ「氏」がつくのか。さすが紳士《しんし》だな。

里村　ええ。本日は、麻原彰晃氏のことが大きなニュースになっています。

麻原彰晃　うーん、久しぶりになあ、有名になったなあ。

里村　確かに、はい。

麻原彰晃　うん。

里村　しかも、この十数年、本当に、きちんとしたお言葉も出されていませんでしたし、今日は死刑執行《しけいしっこう》の直後ということで、私たちが数多く霊言《れいげん》収録をさせていただいているなかでも、非常に珍《めずら》しいケースです。そうした方からのいろいろな考えや言葉等を頂ければと思います。

麻原彰晃　まあ、わしの言葉を聞きたい人はいっぱいいるだろうな。

里村　本当に、現在、ニュースを見ても、なぜ、あのようなサリン事件等の連続事件が起きたのかについて、結局、本人からの明確な言葉がなかったので、「なぜ、あの事件を起こしたのかを聞きたかった」と、被害者《ひがいしゃ》の会代表の高橋《たかはし》シズヱさんも、今日のニュースのインタビューで答えていました。

ぜひ、そうしたところをお伺《うかが》いできればと思います。

ちなみに、現在のご心境とか、ご気分はいかがでしょうか。

麻原彰晃　まあ、逮捕《たいほ》されて二十三年もたったし、死刑の判決が出て十二年たって、毎日、「(死刑執行が) いつ来るかなあ」と思っておったからなあ。たくさんの人をポアしてやったから、わしがポアされても、まあ、しょうがなかったと思うところは、あるがなあ。

里村　そうすると、失礼かも分かりませんけれども、もしかしたら、要するに、ご自分が死んだという認識はおありなわけですね。

麻原彰晃　まあ、そらあ……。

里村　分かると?

麻原彰晃　まあ、死刑囚《しゅう》が死刑執行されたということは、死んだということであろうよ。そらあ、そうだろうなあ。

里村　ほう。今のお言葉ですと、この死刑執行に関して、ご自分としても、やむをえないと受け入れていたということでしょうか。

麻原彰晃　いやあ、そんなことじゃない。やむをえないことはないよ。「強い者が勝って、弱い者は滅《ほろ》びる」。まあ、それだけだよ。わしらが弱かったんだろうよ。警察を倒《たお》すところまでは行かなかったからさあ。

里村　なるほど。

麻原彰晃　「なぜ、あんな事件が起きたか」って言ったって、そんなの、はっきりしてるじゃない。警察が自分たちを潰《つぶ》しにくるのは、もう分かってたことだからさあ。だから、もし、サリンが完成しておれば、それは、ちょっと、みんな「ルパン三世」みたいなもので研究していたからさ。ああいう警察をきりきり舞《ま》いさせるみたいなことをやってみたかったんでねえ。

いやあ、本当は、警視庁そのものを狙《ねら》いたいぐらいではあったんだけど、さすがにそこまではできなかったからねえ。だから、桜田門《さくらだもん》な？

里村　はい。

麻原彰晃　地下鉄の（警視庁に）いちばん近いところで事件を起こせば、その電車のなかには、警察官も乗っとるだろうと。出勤時間帯だったからな。やっぱり、何人かはいたみたいだから、被害者のなかにはな。だから、まあ、ちょっとは、一矢報《いっしむく》いてやったかなという感じかなあ。

麻原霊の主張「（〝最終解脱者《げだつしゃ》〟なのに）行くところがない」

里村　ただ、ある意味で、その余波というか、巻き添《ぞ》えを食って、地下鉄サリン事件でも多くの方が亡《な》くなっています。ほかの事件を含《ふく》めて二十九人ぐらい亡くなられているわけですけれども、今、こうしたオウムによる事件の被害者の方へのお言葉としては、何かありますか。

麻原彰晃　もう、いいことじゃない。

里村　ほう。

麻原彰晃　だからね、この世でさ、そういう真理に気づかないでさ、金儲《かねもう》けに励《はげ》んどっただけの人間はな、あの世に早く送ってもらうっていうことは、それはいいことだろう。うん。

里村　そうすると、今のその認識は、生前、「オウムにポアされてよかったね」とおっしゃっていたあたりと、ほとんど同じ感覚ですか。

麻原彰晃　うん、よかったんじゃない？　そらあ、功徳《くどく》が生まれたんじゃないか？

里村　はああ、なるほど。で、今、麻原さんのいらっしゃるところは……。

麻原彰晃　ああ、「さん」を付けてくれた。もっと言ってくれるか。久しぶりに聞いたわ。

里村　今は、どういう感じのところにいらっしゃるのでしょうか。今は幸福の科学の総合本部におられますけれども、死刑直後はどうでしたか。

麻原彰晃　いやあ、行くところがないんで、住まわせてくれたら、ありがたいな。

里村　行くところがない？

麻原彰晃　どっかいい部屋つくってくれないかなあ。ライバルを祀《まつ》るというのもよくねえか。

里村　ああ、なるほど。生前、〝最終解脱者《げだつしゃ》〟という言葉も使われていたのですが、その最終解脱をしたという方が、死後に行く場所がないということでしょうか。

麻原彰晃　うん。いやあ、君らは『太陽の法』（幸福の科学出版刊）とかでさあ、九次元存在がどうのこうのとか言ってるからさあ。わしらは、対抗《たいこう》して、「いやあ、オウムでは二十七次元まであるんだ」とか言ったらさあ、君らの弟子《でし》はみんな口をパクパクして、もう何も言えなくなるからさ。二十七次元の居場所をつくるのは、やっぱり、なかなか難しいからなあ。

里村　なるほど。そのへんの、「ホラ」と言うとあれですけれども、大風呂敷《おおぶろしき》を広げるあたりは、本当に変わっていらっしゃらないなと思いました。

麻原彰晃　君と一緒《いっしょ》になるなあ。

里村　いえいえ。

麻原霊は仏教の「金剛乗《こんごうじょう》」の解釈《かいしゃく》を間違《まちが》えている

斎藤　今、質問者から、〝最終解脱者〟という話がありましたけれども、オウム教では、よく「ヴァジラヤーナ」、「金剛乗《こんごうじょう》」ということが言われていました。これは最終段階の悟《さと》りで、「この悟りのステージに入ると何をしても構わない。人を殺しても罪にはならないんだ！」ということを……。

麻原彰晃　そらあ、そうだ。

斎藤　え？　「そらあ、そうだ」？（笑）　そういうふうに言っておられましたか？

麻原彰晃　うん。もちろんだ。

斎藤　これは、いったい、どういう考えで、「最終境地になると人を殺しても罪にならない」とおっしゃっていたのかということを、少しだけ解説をいただけるとありがたいと思います。

麻原彰晃　うーん？　まあ、そらあ、君ぃ、大岡越前《おおおかえちぜん》であろうが水戸黄門《みとこうもん》であろうが、そういう人たちが悪を見つけたら、いくら人を斬《き》ったところで、そんなの、罪になるわけないだろう？　まあ、そんなようなもんだよ。

里村　ああ、なるほど。では、裁く側にいらっしゃるわけですか。

麻原彰晃　うん、そらあそうだ、そらあそうだ。〝最終解脱者〟っちゅうことは、そういうことだからな。

斎藤　ただ、「ヴァジラヤーナ」というのは、大川隆法総裁先生のご解説によると、その「ヴァジラ」は「金剛」で……。

麻原彰晃　うん、金剛よ。

斎藤　英語で言うと「ダイヤモンド」だと。

麻原彰晃　そうだね。

斎藤　「ヤーナ」は「乗り物」なんだと。だから、「金剛乗」なんだけれども、それは密教《みっきょう》のことを言っているのであり、「その境地に行ったから、殺していい」とは、仏教では一切《いっさい》言っていないので、そこに解釈《かいしゃく》の間違《まちが》いというか、何か変形が行われているとしか思えないのですが……。

麻原彰晃　まあ、君らは勉強が足りないからさあ、密教の修行《しゅぎょう》とかさあ、あるいは、ヒマラヤのほうへ行ってちょっと修行してきたら、もう少し分かるんだがなあ。

5　本物の宗教家なら卑怯《ひきょう》な責任回避《かいひ》はするな

大川隆法からスピリチュアル・エキスパートに麻原霊《れい》を移す

里村　どういう修行《しゅぎょう》をどの程度したか、あるいは、先ほどから少し話が出ている事件の数々も、細《こま》かいところまで多少立ち入って、また、いろいろとお伺《うかが》いしたいと思います。

では、そろそろ、いかがでしょうか。

麻原彰晃　うん？

里村　目の前にいるスピリチュアル・エキスパート（宇田）のほうの体に移られませんか。

麻原彰晃　出来がいいんか、これ。

里村　とてもよろしいです。

麻原彰晃　本当かなあ。

里村　とても。

麻原彰晃　けど、まあ、味が悪かったら、もう食えんから。

里村　感度は素晴《すば》らしいです。

麻原彰晃　何?　ずっと〝家〟貸してくれるって?

里村　いや、それは（笑）、セッション次第《しだい》です。

麻原彰晃　おたくの家、広いんかい?

宇田　そう広くないです。

麻原彰晃　ちゃんとお供《そな》え物を、毎日、供えて……。

宇田　御本尊《ごほんぞん》にはお供えをしました。

麻原彰晃　いや、御本尊じゃなくて、わしに。

宇田　（笑）

里村　いや、今日のこのセッション次第で、また別の行き場所がきちんと用意されるかも分かりません。

麻原彰晃　ほう。幸福の科学が帰依《きえ》してくるんか。

里村　それは分かりません。霊界《れいかい》は広大無辺ですし、行き場所は、そのお心次第です。

麻原彰晃　ふうーん。

里村　どうでしょうか。そろそろスピリチュアル・エキスパートのほうに移られますか。

麻原彰晃　うーん、なんか、感度が悪そう。大丈夫《だいじょうぶ》かなあ。弟子《でし》に入ると、〝力が弱まる〟感じがするから嫌《いや》だなあ。

里村　いえいえ。舌鋒鋭《ぜっぽうするど》い方ですから（会場笑）。

麻原彰晃　そお？　あのねえ、もう年寄りで、死んだばっかりだからさあ、いたわりの心を持ちなさい。ええか？　なあ？

里村　はい。

麻原彰晃　そうしないと、君もポアされるぞ。うん？　いいか？　まあ、君ぐらいの弟子をポアするのは簡単だからな。ええ？　わしが取り憑《つ》いたら一日で死ぬぞ。

宇田　（苦笑）

麻原彰晃　いいか。分かっとるか。うん？

里村　「取り憑く」とか、そういう気持ちは持たれないほうがよいと思うのですけれども（苦笑）。

麻原彰晃　まあ、いいじゃんか。どうせ、人殺しが専門なんだからさあ。まあ、いいじゃない。

里村　人殺しが専門ですか（苦笑）。

麻原彰晃　そらそうだよ。人類滅亡《めつぼう》させてこそ、救世主なんだ。それはそうなんだ。

里村　それでは、いろいろと突《つ》っ込《こ》んでお話をお伺いしたいので、よろしいですか。

大川隆法　では、そちら（スピリチュアル・エキスパート）に行ってください。（手を二回叩《たた》く）はい！　そちらに移れ。

（麻原彰晃の霊が、大川隆法からスピリチュアル・エキスパートに移る。約十秒間の沈黙《ちんもく》）

徹底的《てってい》に責任回避《かいひ》ばかりする麻原霊《れい》の卑劣《ひれつ》な態度

麻原彰晃　それで？　何が訊《き》きたいの？

里村　まず、お伺いしたいこととしましては、これは、本当に多くの方が思っていることではありますけれども、オウム真理教が起こした特に大きな事件に、坂本《さかもと》弁護士一家殺人事件、あるいは、松本《まつもと》サリン事件、そして、東京での、假谷《かりや》さん拉致《らち》事件や地下鉄サリン事件などがあります。なぜ、こういう事件を起こしたのでしょうか。

麻原彰晃　なぜって、そらあ、坂本弁護士は、部下の、弟子の報告によるとだなあ、「うちで被害《ひがい》を受けた」とかいうような……、何もしてないのにな。「それ（脱会者《だっかいしゃ》）をかくまって、弁護しちゃおうみたいな、そんなことを企《たくら》んでる弁護士がいますよ」っていう報告があったからさあ、もう、「ポア」と。

言っとくけど、一言《ひとこと》も「殺せ」とは言ってないよ。「ポア」って言ってんだよ。

大川隆法　（苦笑）

里村　それは用語の問題だけであって……（苦笑）。

麻原彰晃　弟子が暴走しただけであってなあ、俺《おれ》は「殺せ」とは言ってないんだよ。

里村　いやいや。確かに、裁判でも、まだあなたがきちんと話をしていたころは、「弟子が暴走した」というようなことを言っていましたが。

麻原彰晃　そうか？

里村　ええ。

麻原彰晃　あ、先に言っとくけど、俺は、あれだよ？　何だっけ、弁護士に言われたんだけど、訴訟《そしょう》能力というのか？　それがないからな。無罪なんだよ。

里村　いえ、「ある」とされたから、死刑《しけい》が執行《しっこう》されたのです。

麻原彰晃　いやいや、ないんだって。そういう人間に対して、死刑は執行できないんだよ。

大川隆法　ああ、「責任能力がない」と言っているわけですね。

麻原彰晃　法律が間違《まちが》っとるんだよ。

大川隆法　捕《つか》まってからあとは、ずっと狂《くる》ったフリをしていましたからね。

麻原彰晃　法律が間違っとるんだよ。だから、ポアするんだよ。だから、国家を潰《つぶ》さないと。

里村　裁判で、いわゆる精神障害、あるいは意識障害を負ったかのようにずっと言っていたのは、一種の詐術《さじゅつ》というわけですか。

麻原彰晃　うん？　いやいや、そうなんだよ。

里村　いや、でも今、非常に明確に、明瞭《めいりょう》に答えていらっしゃいますので。

麻原彰晃　うちの弁護士が、「やっぱり、そうだ」って言ってたんだから、そうなんだよ。

里村　弁護士さんが「そうだ」と。

麻原彰晃　そうそうそう。

里村　では、その弁護方針に則《のっと》ったわけですね。

麻原彰晃　裁判を維持《いじ》できないやつ。「裁判を受ける能力はない」って。「そうしたほうがいい」っていう話。

里村　「そうしたほうがいい」ということですね？

麻原彰晃　そうそうそう。

里村　しかし、結果としては、死刑が執行されたということですよね。

麻原彰晃　だから、この国家は間違っとるんだよ。

里村　その「国家の間違い」についても、あとでお伺いしたいと思うのですけれども。

麻原彰晃　ああ、いくらでも言ってやるよ。

里村　先ほど、「弟子が暴走した」とおっしゃいましたが、つまり、師という立場で、弟子を掌握《しょうあく》できなかったということですか。

麻原彰晃　いやいやいやいやいやいや。俺は、はっきり「殺せ」とは言ってないけどな。〝仏教用語〟で、そう言って、弟子がその解釈《かいしゃく》をして、やったということだよ。

里村　ただ、坂本弁護士との衝突《しょうとつ》でも、それは、裁判なら裁判でやればいいだけの話であって、なぜ、一気に飛び越《こ》えて、存在そのものを……。しかも、奥様《おくさま》と幼い男の子も含《ふく》めた三人をですから、やはり、これはかなり飛んでいるところはあります。

麻原彰晃　いやあ、それは、もう、「見せしめ」だろ。

里村　ああっ……。

麻原彰晃　こんなのがマスコミに書かれたら、また次々と、そういう訴訟をしてくるやつらがいるからな。せっかく、こっちがさあ、いいように教えてやってるのに、仏教の真髄《しんずい》を。それを「おかしい」みたいなことを言ってさあ、いろいろ言ってくるからさあ。

例えば、聖水な。「聖水がおかしい」とかさ、いろいろ言ってくるんだよ。

里村　ほう。

麻原彰晃　とんでもないよ！

里村　オウムが宗教であるかどうかというのは、少し置いておきましても……。

麻原彰晃　宗教だって。

里村　宗教としては、そういうものに対して向けられた疑問、あるいは批判については、きちんと言論や思想、あるいは行いでもって答えを見せていけばよいのであって、一気に〝存在をなくす〟というのは……。

麻原彰晃　何言ってんだよ。私はな、尊師《そんし》だし、最終解脱者《げだつしゃ》なんだ。おまえ、さっき言っただろう? それは、もう、法を説くのが仕事で、そんな細かくゴチャゴチャ説明するのは、弟子の仕事なんだ。それは説明が下手《へた》だったんだろうが。

里村　麻原さんから「法」というものが説かれたということを、われわれはあまり認識してはいないのですけれども。

麻原彰晃　ああー、まあ、知らないよなあ。俺は、「法を説く」っていうよりは、もう、とにかく、神秘現象を見せておったからな。

里村　そうですね。

麻原霊の主張「私は最高次元。法律が間違《まちが》っている」

斎藤　先ほど、大川隆法総裁の解説にもありましたけれども、オウムは、そもそも、「オウム神仙《しんせん》の会」といいまして、ヨガと超能力《ちょうのうりょく》を基本とした、精神の修養が好きそうな団体からなっています。

麻原彰晃　おお、そうそうそう。そうだな。

斎藤　ですから、最初は、宗教そのものではなかったわけです。

麻原彰晃　うん？　それはチベット密教《みっきょう》の真髄じゃないか。

斎藤　やはり、超能力と、いわゆる神仙の行《ぎょう》や術《じゅつ》のようなものをメインに据《す》えていたということですよね。

麻原彰晃　そう見せ……、いや、実際に、「いかに悟《さと》ったか」っていうことは、やっぱり、言葉じゃ分からんだろう。具体的に示してやらないと。空中浮揚《ふよう》してみなよ。そしたら、すぐだよ。

斎藤　つまり、空中浮揚することが、最終解脱への道ということになるのですか。

麻原彰晃　いや、空中浮揚というか、人間の本質は霊《れい》だってことを示したんだよ。まあ、おまえみたいなさ、分からん人間には、そうやって見せたら、一発で信じるから。

斎藤　（苦笑）そうですか。

麻原彰晃　単純そうだから。

矢内　麻原さん、「空中浮揚」と言いますけれども……。

郵便はがき

料金受取人払郵便

赤坂局承認

5565

差出有効期間
2020年6月
30日まで
(切手不要)

1 0 7 - 8 7 9 0

112

東京都港区赤坂2丁目10—14
幸福の科学出版(株)
愛読者アンケート係 行

ご購読ありがとうございました。お手数ですが、今回ご購読いただいた書籍名をご記入ください。

書籍名

フリガナ お名前	男・女	歳
ご住所 〒 都道府県		
お電話 (　　　) —		
e-mail アドレス		
ご職業 ①会社員 ②会社役員 ③経営者 ④公務員 ⑤教員・研究者 ⑥自営業 ⑦主婦 ⑧学生 ⑨パート・アルバイト ⑩他 (　　　)		
今後、弊社の新刊案内などをお送りしてもよろしいですか？ (はい・いいえ)		

愛読者プレゼント☆アンケート

ご購読ありがとうございました。今後の参考とさせていただきますので、下記の質問にお答えください。抽選で幸福の科学出版の書籍・雑誌をプレゼント致します。(発表は発送をもってかえさせていただきます)

1 本書をどのようにお知りになりましたか?

①新聞広告を見て [新聞名:　　　　　　　　　　　　　　　　　　　　]
②ネット広告を見て [ウェブサイト名:　　　　　　　　　　　　　　　　]
③書店で見て　④ネット書店で見て　⑤幸福の科学出版のウェブサイト
⑥人に勧められて　⑦幸福の科学の小冊子　⑧月刊「ザ・リバティ」
⑨月刊「アー・ユー・ハッピー?」　⑩ラジオ番組「天使のモーニングコール」
⑪その他 (　　　　　　　　　　　　　　　　　　　　　　　　　　　　)

2 本書をお読みになったご感想をお書きください。

3 今後読みたいテーマなどがありましたら、お書きください。

ご感想を匿名にて広告等に掲載させていただくことがございます。ご記入いただきました個人情報については、同意なく他の目的で使用することはございません。

ご協力ありがとうございました。

麻原彰晃　「麻原さん」じゃねえ、「尊師」と言いなよ。

矢内　ああ、いやいや。麻原さん。

大川隆法　（笑）（会場笑）

矢内　空中浮揚と言いますけれども、実際は、ピョンピョン跳《と》んでいるだけだったという……。

麻原彰晃　ピョンピョン？

矢内　そういうことは、多くの方が言っていますけれども。

麻原彰晃　いや、俺は、そんなに下半身を鍛《きた》えとらんよ。とにかく、空中に浮《う》いていればいいんだから。

矢内　浮いた瞬間《しゅんかん》を撮《と》った写真を、私も何度も見ましたけれども。

麻原彰晃　おお。

大川隆法　座布団《ざぶとん》を何枚か置いて、その上からピョンと跳び降りるところを撮れば、空中浮揚しているように見えたりするものもあったらしいですから。

里村　そういう報道もありましたね。

麻原彰晃　何言ってんだよ。私もやって見せて、私の修行方法を知ってた弟子の、幹部だけな？　それを何人もやったんだから。俺だけじゃない。

矢内　ええ、あの時代、あなたは、そういう手品のようなものを、「宗教だ」と一生《いっしょう》懸命《けんめい》におっしゃっていました。

麻原彰晃　手品じゃない。

矢内　それで、それを信じる人が、やや増えてしまったところがあります。

麻原彰晃　いや、ここ（幸福の科学）だって、霊言《れいげん》をやって、それを信じさせようと思ってしてるじゃん。同じことじゃないの（笑）。

矢内　全然違《ちが》います。

麻原彰晃　同じだって。

里村　霊言の現象には言葉が伴《ともな》い、しかも、そのなかには、論理などいろいろなものがあるのです。

矢内　中身があるのです。

麻原彰晃　中身？

里村　そうして、膨大《ぼうだい》な数の霊言を行うことで、いろいろな検証を重ねているんです。

麻原彰晃　やっぱり、現象を見せないと分からんでしょうが。

斎藤　しかし、現象といっても、ピョンピョン跳《は》ねるというものでは、弟子筋《すじ》になると〝霊動《れいどう》現象〟といって、霊によって体が動く現象があり、蛇《へび》のようにニュルニュルと動いたり、急に狐《きつね》のようにピョンピョンピョンピョン跳んだりして、最終的には、修行した人たちが悩乱《のうらん》して、精神錯乱《さくらん》に入っていくと。

麻原彰晃　それは「霊が入った」っていうことじゃないの。

斎藤　いや、霊は入ったのですけれども、それは……。

麻原彰晃　そうそうそう。あんたもそういう願望があるんだろう？

斎藤　いや、願望……（苦笑）。また、私の弱いところに（苦笑）。

麻原彰晃　はっきり言えよ。

矢内　その入る霊にも、「いい霊」と「悪い霊」があるということは知っていますか。

麻原彰晃　いい霊？　いい霊……。うん？　死んだ霊か？

矢内　「いい霊」というのは、いわゆる天上界《てんじょうかい》の天使とかですね。

麻原彰晃　ああ。天使……。

矢内　あるいは、仏教で言えば菩薩《ぼさつ》とか、そういう高級霊です。そして、そうではない、下からの……。

麻原彰晃　下？

矢内　まあ、地獄《じごく》から入ってきた霊というのがあることは知っていますか。

麻原彰晃　何を……。私は〝再誕《さいたん》の仏陀《ぶっだ》〟なんだから。その私が指導したら、当然ながら、そういう神々が集まってくるわけだ。なんで、この国は認めないの。

矢内　では、「再誕の仏陀である」と言っているあなたが、この世の法律において、極悪人《ごくあくにん》、犯罪者として死刑になったという事実については、どう思いますか。

麻原彰晃　いやいや、それ、もう、さっき言ったじゃない。

矢内　あなたが説かれている法と、この世の法というのは、どのように考えていますか。

麻原彰晃　いや、さっき言ったように、今、私が、この場を借りてな、〝復活〟したことになるわけじゃないか。

里村　これを「復活」というのかは分かりませんが。

麻原彰晃　これで、キリスト教のように正統な宗教として……、まあ、今はすぐ認められないかもしれないけどな、何年か後には、やっぱり、「麻原尊師は教祖で、仏陀だったのだ」ということが、キチッと認められるようになるから。

里村　そうしたことが、たいへん危険なことになるので。

麻原彰晃　全然危険じゃない。

里村　われわれとしては、そうしたことのないように、ぜひ、いろいろな事件について、もう一度、お訊きしたいと思います。

麻原彰晃　事件？

里村　宗教的なことも、またあとでお伺いしたいのですけれども。

麻原彰晃　ああ、いくらでも訊きなよ。

斎藤　一つよろしいですか。今、「復活」と言いましたけれども、これは公開霊言という現象であり、すべて公開しています。約八百回も行《おこな》っていますけれども、八百回とも、霊になったみなさんがここに来ていますから、みなさん「復活」しています。

麻原彰晃　うん？

斎藤　ですから、あなただけの特別な復活ではなくて、霊言が行われた全員がそうなのです。先日も、「死後成仏法《じょうぶつほう》（現象）」と題して、亡《な》くなられた幸福の科学の職員のお父様の霊がこちらに来たりなど、普通《ふつう》に行っていますから、あなたは霊としては普通です。

麻原彰晃　普通じゃないよ。

斎藤　普通です。

麻原彰晃　基本的には、あれだろう？「神」とか言われた存在が来とるんだろう？ここには。そう思っとるんだよ。

里村　そういう方もいれば、地獄の存在も来ます。

麻原彰晃　だからさ、私は今、最高次元にいる人間なんだ。それが、たまたま降りてきてやってるんだから、ありがたく思え。

矢内　（苦笑）今は、殺人者、犯罪者として死刑になったあなたを、尋問《じんもん》の機会として……。

麻原彰晃　何が尋問だよ。法律が間違っとるんだって。

斎藤　とにかく、「復活」ということは置いておいて、今のこの場では、これは普通のことなのです。

麻原彰晃　うーん。

麻原霊の主張「日本という国家が許せなかった」

里村　法律が間違っているかどうかについてですが……。

麻原彰晃　間違ってる。

里村　少し振《ふ》り返ってみると、先ほども、坂本弁護士一家を、要するに「邪魔《じゃま》だからポアした」とおっしゃいました。

麻原彰晃　うん。邪魔というか、私の教えに対して反抗《はんこう》してくるからだよ。

里村　また、目黒《めぐろ》公証役場の假谷さんもやられていたと。

麻原彰晃　ああー、それも聞いてる。うん、うん。

里村　假谷さんも、身内の方がオウムの信者でいらっしゃって、取り戻《もど》そうとしていたところ、やはり、これも邪魔で……。

麻原彰晃　うーん。まあ、そうそうそう。なんで、わしを慕《した》ってくる人間を、その親族か周りが、また引き離《はな》そうとするんだよ。好きで来てるんだからさあ。信仰《しんこう》の自由だろう。

里村　ただ、なかには、やはり、非常に危険なケースもありました。特に、「修行」「苦行」と称《しょう》して……。

麻原彰晃　苦行？

里村　ええ。かなり危険なこともしていたということで、やはり、身内の方が心配されたところはあるのです。

麻原彰晃　ああ、それはねえ、間違った情報だよ。ちゃんと……、まあ、確かに、実験とかしておったからな、いろんなかたちで。

斎藤　その「実験」というのは、おむつを穿《は》かせて利尿剤《りにょうざい》を使ったり、耳からは二十四時間ずっと、あなたのしゃべりを入れたり、そして、睡眠《すいみん》は三時間であったりと、そうしたさまざまな状態につけ込み、さらには、薬物による幻覚《げんかく》を見せるというようなもので、これに逆《さか》らうと、「死んだら地獄に堕《お》ちる」と言って、ずっとしていたようですが、それで、本当に解脱まで導けるのですか。

麻原彰晃　いや、それはあれだよ。おたくを見習ったの。おたくの総裁のカセットテープを、おまえらみんな聴《き》いとるんだろう？　ずっと聴いとけって言われとるんだろう？　それをまねしてる。

斎藤　二十四時間も強制的に聴かされたり、しかも、温熱療法《りょうほう》といって、熱い湯に入れたりするなど、それはほとんど地獄ではないですか。

里村　幸福の科学は、御法話《ごほうわ》を聴く方もいれば、また、本を読む方もいらっしゃって、いろいろな形態を認めています。

麻原彰晃　ああ、ああ、ああ。そうなのか。ふーん。

里村　ええ。そのあたりは全然違います。

麻原彰晃　ああ、違うのか。

斎藤　全然違います。

里村　話を戻しますが、さらに、假谷さん拉致事件のあとに、地下鉄サリン事件を起こしました。その地下鉄サリン事件で、当初、動きが悪かった警察に対して幸福の科学が動き、それによって、強制捜査《そうさ》から逮捕《たいほ》まで行きましたけれども、もし、それがなかったら、どこまで行くつもりだったのですか。

麻原彰晃　いや、だから、前も言ったように、東京上空にさあ、まあ、今はドローンみたいなのがあるけど、当時はなかったからさ、いかに小型のヘリコプターを取ろうか、何とか調達するか……。ちょっと、うまくいってなかったんだけど。

まあ、とにかく、東京上空から（サリンを）撒《ま》いてやろうと思ってたんだよ。そしたら、おまえらが邪魔したんだ。だから、総裁を狙《ねら》ったんだ。当然だよ。

斎藤　東京上空から撒いて、何人ぐらい殺すつもりだったのですか。

麻原彰晃　いや、そんなん知らないよ。まあ、理科系の弟子によると、「最低でも数十万人から百万人近くは被害を受けて、いかに尊師の教えが正しいかっていうことで、国家が方針を転換《てんかん》するだろう」って話だ。

矢内　当時、私も山梨《やまなし》県の上九一色村《かみくいしきむら》に行って、あそこの近くに、実際に、あなたがロシアからか、どこかから買ったヘリコプターを見ましたよ。

麻原彰晃　ああー、よく知っとるなあ。

矢内　あなたは本気でやろうとしていたのですね。

麻原彰晃　なんで、おまえがそれを知っとるんだ。

矢内　いや、見に行ったんです。

里村　上九一色村には、マスコミが来る前からずっと張り込んでいましたから。

矢内　そうですよ。何カ月も前から。

麻原彰晃　今、俺は、どこに隠《かく》したかとか言ってないのに、なんで、おまえが知ってんだよ。

里村　いや、知っています！　これは本当に、マスコミにもまったく出ていない話ですけれども、実は……。

麻原彰晃　チッ（舌打ち）。ポアしときゃよかったなあ。その報告……。

矢内　木やトタンで、何かちょっと囲いで覆《おお》って見えないようにはしていましたけれども。

麻原彰晃　おまえ、当時は幹部とかじゃなかったから、あれなんだ。ちょっと、ちょっと、チッ（舌打ち）、そうかあ……。

矢内　里村さんなどと一緒《いっしょ》に、広報局でね。

麻原彰晃　手先だったんだな。

矢内　その前から、大川総裁が、あなたのとんでもない極悪の所業を霊的に察知されていて、法律違反《いはん》と殺人をしていたことは知っていたので。

麻原彰晃　ほう……。

矢内　ただ、あのときは、世間《せけん》はなかなかそこまで気がついていなかったので、幸福の科学が中心になって、ずっと探《さぐ》っていたのです。

麻原彰晃　いや、それは、また本物の仏陀が出てきたんだから、総裁も焦《あせ》ったんじゃないか。それで、おまえたちにさあ、いろいろ調べてこいって言ったんだよ。

矢内　そうではなくて、善悪を見極《みきわ》めていらっしゃったのですよ。

麻原彰晃　善悪？　「善」は私そのものだよ。

大川隆法　（苦笑）

里村　東京上空からサリンを撒いて、数十万、数百万の人を殺そうというのが善？

麻原彰晃　そらあね、東京都民が憎《にく》くてやったんじゃなくて、日本という国家が許せなかったんだよ。

里村　ならば、東京都民は関係ないでしょう。

麻原彰晃　しょうがないじゃない。そういう政府を支持して投票したやつらが悪いんだから。

里村　でも、そのなかには、政府を支持していない人もいますよ。

麻原彰晃　いや、それは民主主義の話じゃないの。とにかく、過半数を取って、それが政権与党《よとう》になって、こんな変な法律をつくって、宗教を弾圧《だんあつ》してくる。そんなところは、もう絶対、許せないじゃないか。

警察は、オウム教側には「逮捕状《たいほじょう》」、幸福の科学側には「感謝状」

里村　宗教を弾圧してくると言いますが、その原因をつくっているのは、あなたのほうなんですよね。

麻原彰晃　なんでよ?

里村　あなたのいろいろな行動、例えば、假谷さんの拉致事件についてもそうです。この事件では、幸福の科学の職員が第一発見者になって、第一通報しましたが、そのあとの一連の動きも含めて、警視庁から感謝状も出ています。

麻原彰晃　そうなの？

斎藤　ええ。ここに感謝状がございます。「オウム真理教教団による目黒公証役場事務長逮捕《たいほ》監禁《かんきん》致死事件など同教団による一連の事件の捜査に対し心温まる激励《げきれい》をされ全容解明に多大な貢献《こうけん》をされました。ここに記念品を添《そ》え感謝の意を表します」ということで、大崎《おおさき》警察署長から感謝状がちゃんと来ているんです。

あなたは警察に捕まり、こちらは警察に表彰《ひょうしょう》されているんですよ。この違い。

里村　そちらは「逮捕状」が出て、こちらは「感謝状」なんですよ。全然、違うんです。

麻原彰晃　いやあ、さっき、おたくの総裁が言ってたように、当時さあ、オウムと幸福の科学は同じだったのよ。ね？

里村　いいえ、同じではありません！

麻原彰晃　だけど、そっちが「同じに見られるのは嫌だ」とか言って、うちを悪魔というか悪にして、そっちを善にするために、わざわざ、そんなことやって、感謝状を今でも自慢《じまん》しとるんだろ？

斎藤　自慢しているのではありません。事実を申し上げているだけです、事実を。

麻原彰晃　「オウムと幸福の科学は違うんだ」と世間に公表するために、わざわざ、そんなことをやったんだろう？　広報として、なかなか力があるほうだわ、おまえ。そこは認めてやるわ。

矢内　まあ、あなたたちのほうが面白《おもしろ》かったのでしょうね、マスコミからしたら。

麻原彰晃　あ？

矢内　面白かったんですよ、テレビ的に。

麻原彰晃　おまえがだろ？　おまえが面白かったんだろ？

矢内　いや、あなたが面白かったので、それにちょっと引きずられてしまった部分はあるんです。

世間の多くの人たちは、善悪が分からなかったので、幸福の科学が、あなたたちの悪というものを明らかにしました。

麻原彰晃　日本国民は善悪が分からんのだよ。だから、「善は何か」を俺が示してやろうとしてるんだ。

矢内　当時の幸福の科学の全会員は、あなたたちの悪を世間に知らしめるために、本当に命を懸《か》けて頑張《がんば》ったんですよ。

麻原彰晃　何言ってんだよ。

矢内　それが、世の中を動かし、警察を動かして、今回の結果があったんですよね。そのあたりをよく知っておいてください。

麻原彰晃　この国はさあ、私のように、ちょっと目が見えなくて生まれた、左目がなあ……、何か、今、ちょっと見えるなあ。見えるようになったけど。そういう者に対してさ、もう、ほんとにひどい仕打ちをしてきたんだ。この国は、弱者を救済しない国なんだ！

里村　先ほどから、非常に強い復讐心《ふくしゅうしん》のようなものを感じます。

麻原彰晃　この国でね、「弱者を救済しない」という思いを持ってる人はいっぱいいるの。

里村　確かに、いろいろな立場で、救いを求める方が大勢います。

麻原彰晃　そうだろう。「そういう人は来たらいいよ」っていうのがオウム真理教じゃないか。

里村　それ自体は、別によいとは思うんです。

麻原彰晃　おお、認めたじゃないか。おまえ、弟子にしてやるわ。

里村　いや、「弱者救済」というのはよいにしても、そこからテロ行為《こうい》に移るには、あまりにも飛躍《ひやく》が過ぎます。

麻原彰晃　分からないやつに諄々《じゅんじゅん》と法を説いたりしてもしょうがないから。

里村　しょうがない？

麻原彰晃　うん。だから、いったん、あの世に送ったほうがいいと。

里村　しょうがなくはないのではないですか。

確かに、時間はかかります。ただ、宗教というのは、その時間に耐《た》えながら広げていかなければいけないものです。

麻原彰晃　いや、早く有名にならないと広がらないじゃない。

矢内　あなたが有名になりたかっただけなのではないですか。

麻原彰晃　私とオウム真理教自体が、日本の国教というか、誰《だれ》もが知ってる宗教にならないと、この正しさが証明できないだろ。

矢内　そのために、何の罪もない一般《いっぱん》国民を、「弱者を救う」と言いながら殺して、あなたは、どういうつもりなんですか。

麻原彰晃　ああ、それは、〝あれ〟じゃない？

矢内　あなたは、罪のない一般の人を殺しているではないですか。被害者や、そのご家族、周りの人たちが、今もどれほど苦しんでいるか。それについて思いを向けたことはないのですか、この二十数年。

麻原彰晃　「死ぬ、死ぬ」って言うけど、死ぬってことは、そんな重大なことじゃなくてさ。ね？　「死んだら何もなくなる」って話もあるし。「殺人は悪い」とか言うけど、おまえたちの話だと、人間はまた生まれ変わるんだろ？　いいじゃん、別にそれで。「よい教えを広げるために犠牲《ぎせい》になった」と思えばいい。自己犠牲の精神なんだ。

死刑《しけい》になりたくなくて、責任能力がないフリをしてきた

矢内　でも、あなたは死刑《しけい》になりたくなくて、責任能力がないように、ずっと嘘《うそ》をつ

いていたのでしょう？　あなたも死刑になるのが怖《こわ》かったのではないですか。

麻原彰晃　それは、弁護士がアドバイスしてくれたんだ。「こうしたほうがいいよ」って。そしたら裁判が成立しないから、延々と。「とにかく、刑は執行されないよ」と。

矢内　その間、生きていられますからね。

麻原彰晃　うん。ちゃんとご飯《はん》、食べてたよ。

大川隆法　こういうところが卑怯《ひきょう》ですね。私としてはすっきりしないですね。本当の宗教家ならば、「自分が罪から逃《のが》れるために気が狂ったフリをする」とかいうことはすべきではありません。

麻原彰晃　いや、でも、それは違う。

大川隆法　死刑になるなら、正々堂々となるべきです。

麻原彰晃　弟子が教祖を護《まも》るのが宗教団体なんだ。

矢内　もし、あなたが高級霊ならば、ソクラテスのように、真理のために死ねばよいのではないですか。

麻原彰晃　ソクラテスは宗教家じゃないだろう。あれは哲学者《てつがくしゃ》だ。

矢内　似たようなものですよ。

麻原彰晃　ソクラテスの話は、俺には分からん。

里村　ソクラテスは「死後の生」についても語っていましたから、今で言えば、非常に宗教的な方ですよ。

矢内　宗教家だったら、潔《いさぎよ》く、もっと高次な生き方を求めればよかったのではないですか。あまりにもみっともないですよ。

麻原彰晃　いや、高次な現象を見せて、私を信じて護りたいという人が弟子になってきたの。それは全然、ウェルカムだよ。反旗を翻《ひるがえ》したやつは駄目《だめ》だ。それはもう、善が分からんということで、つまり悪ってことだ。悪はポアする。

里村　一連のいろいろな報道のなかで、「政界進出を目指して選挙に出たけれども、それが失敗したことで、一気に武装路線に入った」と言われていますが、流れとしては、やはり、そうでしたか。

麻原彰晃　おまえたちが宗教で、一九九〇年前後かな？　そのくらいかなあ？

里村　まあ、特に、九一年ぐらいからです。

麻原彰晃　そのころに、（東京）ドームだっけ？　いろいろ派手に総裁がやり始めて。おたくがやるなら、うちは政治だということで、●真理党だっけなあ。おたくも、そのあと、まねしてつくったじゃないかよ、十年前に。

矢内　まねなんかしていないです。

オウムの政治活動は、憲法の「国会議員の不逮捕《ふたいほ》特権」を狙《ねら》ったものか

大川隆法　趣旨《しゅし》が違うのではないですか。どこのマスコミも報道していませんが、私は、あなたがたが国政選挙に出た理由を、憲法のなかにある「国会議員の不逮捕《ふたいほ》特権」ではないかと見ました。坂本弁護士事件で悪を犯《おか》したのは知っているはずですけれども、「国会議員に通っていれば、不逮捕特権で逮捕されないで済む」とか、そうした〝知恵《ちえ》〟をつけて、国会議員になろうとしたのではないかと思っていたんです。

●真理党　オウム真理教の教祖・麻原彰晃を党首として結成された政党。1990 年の第 39 回衆議院議員総選挙に麻原や教団幹部ら 25 人が立候補したが、全員落選している。

里村　ああ……！　確かに、選挙は坂本弁護士一家失踪《しっそう》事件のあとですから。

麻原彰晃　いや、そらあ、だって、〝あれ〟でしょ？　国会議員は、立法府なんで、法律をつくる側の人間になれるんだからさあ。それは、やっぱり、こちらに都合《つごう》のいいように法律をつくっていいっていう話じゃない。そういうことなんじゃないの？　それの何が悪いの？

里村　いや、だから、失敗していますよね？　失敗して、たちまち武装路線のほうがグーッと強くなっていったと。

麻原彰晃　せっかく正しい政党をつくったのに、国民が投票しない。落選しちゃう。それだったら、国民が悪いじゃない。おたくの政党と、たぶん同じ考えだと思う。

里村　違います！　まったくもって違います！

矢内　今、大川総裁がご指摘《してき》されたように、「不逮捕特権を目的に国会議員になる」なんて、動機が根本的に間違っていますよね。

麻原彰晃　でも、今いる国会議員は、ほとんど、そうなんじゃないの？

矢内　そんなことはないでしょう（苦笑）。

麻原彰晃　そうじゃないの？

矢内　そんな人は、ほぼいないです。

麻原彰晃　いや、いや、官僚《かんりょう》だけじゃなく、国会議員なんかもさあ、逃《に》げまくってんじゃないの？　そういう世の中に飽《あ》き飽きしてんじゃないの、国民は。
　だから、正当な宗教政党が要《い》るんじゃないか。

矢内　やはり、あなたの世の中に対する見方は、そうとうズレていますね。

麻原彰晃　いや、おたくでしょ、ズレてるのは。

斎藤　「責任感」という点から見ると、宗教家以前の話で、あなたは、自分の行ったことに対する振り返りがなさすぎます。意見陳述《ちんじゅつ》のときも、「私は完全に無罪です」とかいったことを、何回も言っているんですよ。

麻原彰晃　あ？　そうだよ。

斎藤　二十九人もの方を殺《あや》めて、地下鉄サリン事件では六千五百人以上の重軽傷者を出しておいて、それで「無罪」とは、いったい、どういうことなんですか。

麻原彰晃　いや、もともと私は悟ってるの。分かる？

斎藤　分かってはいませんが、いちおう聞きます。

麻原彰晃　私は、〝無我《むが》の悟り〟を得てるのよ。

斎藤　それで？

麻原彰晃　ええ？　「死んだらなくなる」という。

斎藤　「死んだらなくなる」って（苦笑）、今、あなたはいるではないですか（笑）。

大川隆法　（苦笑）

麻原彰晃　無我の悟りを得てるんだよ。

斎藤　それは間違っています（苦笑）。

里村　先ほどから、一生懸命、居場所を心配している感じがするんですよ。最初から、「自分の居場所がどこかにないか」と、すごく心配しているのではないですか。

麻原彰晃　俺は永遠の生命を持ってるから、別に、肉体を失ってもさあ……。さっき言われたように、肉体を失ったことは知ってるよ。今でも電気ショックが来るからな？　まだ感じるよ。

里村　まあ（笑）、電気椅子《いす》ではないと思いますけれども。

麻原彰晃　感じるからな。

6　かつての左翼《さよく》テロ集団にそっくりな麻原霊《れい》の考え方

麻原霊の主張

「分かっていない人間は殺したっていい。
普通《ふつう》の人間は死んだらなくなる」

里村　「選挙での有権者に対する怒《いか》り」や、「国家に対する怒り」、あるいは、「弟子《でし》がやった」など、自分の責任が一つもなくて、全部、他人《ひと》のほうに向かっています。

麻原彰晃　だから、法を説く立場は、そうでいいんだって。あとは従えばいいんだ。

矢内　私たちはずっと前から言っていたのですが、あなたは、もともと宗教家ではないんですよ。

あなたの問題点としては、「宗教を隠《かく》れ蓑《みの》に使って、自分自身の個人的な心の問題、考え方の問題からずっと逃《に》げてきたこと」です。

宗教をそんなふうに使って、騙《だま》された人がたくさん出てきてしまったんです。

麻原彰晃　だってさあ、世の中が弱者を救えないんだったら、宗教が救うしかないでしょ。それで、つくったんだ。

里村　弱者を救うんだったら、宗教をつくるしかない、と？

麻原彰晃　そうそうそうそう。

里村　そうしてつくった宗教が、なぜ、弱者を殺してしまうのですか。

麻原彰晃　いや、弱者っていうかさあ、分かってない人間だよ。

矢内　救わなければいけないのではないですか。

麻原彰晃　全然、悟《さと》ってない人間は、もういいんだって。

里村　それは違《ちが》います。「悟っていない人たちを悟りに導く」というのが、宗教の大切な役割であって、それには時間もかかるし、いろいろな誤解もあるし、非難を受けることもあるけれども、そこに耐《た》えて進んでいかなければいけないのです。

矢内　そうした人たちを救うのが宗教なんですよ。

麻原彰晃　人間というのは、さっきから言っているのは、まあ、普通《ふつう》の人間は死んだらなくなるんだから、それでいいじゃない、別に。何が悪い？

里村　いや、そんなことを言ったら、そもそも生まれてくる意味もなくなるんですよ。

斎藤　「死んだらなくなる」と言うけれども、あなたはいるではないですか。

麻原彰晃　釈尊《しゃくそん》の教えは、そういうことじゃないの？　無我《むが》の教えは。

「怒《いか》り、恨《うら》み、自己保存の思い」が強い麻原霊の動物性

大川隆法　あなたは、「怒《いか》り」や「恨《うら》み」がすごく強いですが、怒りや恨みが強くて解脱《げだつ》しているとは言えませんよ。「自己保存の思い」が非常に強いです。それは動物性でしょう。動物は攻撃《こうげき》されるとすごく怒《おこ》って反撃してきますが、それとそっくりですよ。

麻原彰晃　いや、じゃあ、なぜ私は目がねえ、左目が全然見えな……。

大川隆法　そうした人は、ほかにもたくさんいます。でも、あなたのようなことはしませんよ。

麻原彰晃　でも、不公平じゃないですか、そんなの。健康で生まれてきて、悪さをしているやつもいるのに。なんで、私が五体不満足で出てくるんだ。

里村　そうした人のなかには、例えば、ヘレン・ケラーのように、障害を乗り越《こ》えて、人生を開花させ、偉人《いじん》として人類史にずっと遺《のこ》るような人もいらっしゃいます。

麻原彰晃　あ、そうなの？

里村　もし、「生の条件がすべてだ」というのなら、偉人はどこからも出てきません。

麻原彰晃　うーん。

斎藤　人間は、天上界《てんじょうかい》で自分の人生を自分で設計して、人生の問題集もいろいろ設定して、地上に降りてきます。困難を乗り越えることによって、魂《たましい》を磨《みが》き、精神を向上させようというのが、地上界での魂修行《しゅぎょう》の意義であるのです。

麻原彰晃　いや、自分で設計してきてるわけないでしょう（笑）。

斎藤　いえ、設計しているんですよ。

矢内　この世において、苦しんだり悩《なや》んだりしたことを救済力に変えて、多くの人たちを救っていく方向に向けていくのが、宗教家の生き方なんですよ。

麻原彰晃　俺《おれ》は、神から意地悪されて、目が見えない状態で生まれてきたんだよ。

里村　今、「神様から意地悪されて、生まれてきた」と言いましたけれども。

麻原彰晃　そうだよ。

斎藤　あなたは神様のことを呪《のろ》っているのではないですか。

麻原彰晃　基本的に、環境《かんきょう》が悪いところに生まれた人間とか、五体不満足な人間とかは、神に愛されてないだろ。だから、基本的に、神のことを恨んでる。

斎藤　そんなことはありません。何を言っているんですか。

里村　みな平等です。

麻原彰晃　いや、平等の教えを説かれているのが神様じゃないか。なのに、不公平じゃん。

矢内　宗教の根本的な考え方を理解していませんね。

麻原彰晃　不公平だと思ってる人間が集まって、政党をつくって、何が悪いんだ。

里村　ハンディキャップをお持ちの方が神に愛されていないとか、生まれてくる意味はなかったとか、そうした考えは、ヒットラーと同じ考え方ですよ。

ヒットラーは、ユダヤ人も排斥《はいせき》したけれども、ハンディキャップを持った方たちを、「生きている意味がない」として、いちばん最初に排斥し始めましたから。

麻原彰晃　ヒットラーほどの影響力《えいきょうりょく》があるぐらい、レベルの高い世界の人間ってことだな。

里村　殺した人の数は、向こうのほうが圧倒的《あっとう》に多いのですけれどもね。

麻原彰晃　ヒットラーはねえ、今まで接触《せっしょく》したことはないけど。

里村　ああ、接触はないと。まあ、分かりました。

麻原彰晃　ないね。

麻原霊の主張「勉強したかったのに、いい学校に行けなかった」

里村　生まれそのものに関して、神様を恨む心があったわけですね？

麻原彰晃　当たり前じゃない、そんなの。

斎藤　（苦笑）神様を恨むのが「当たり前」とは、どういうことですか。

麻原彰晃　神様ってのは、そういう、意地悪をする神様っていうかな、まあ、悪魔《あくま》だよ。それと、私のような〝仏〟と、両方いるんだよ。

意地悪するほうは、私みたいな本物を、そうじゃないように、ひどい環境にわざわざ落とすんだよ。

矢内　ただ、あなたよりももっと大変な障害を持っていても、一生懸命《いっしょうけんめい》、生きていらっしゃる方々はたくさんいます。

麻原彰晃　ああ、そう。

矢内　そういう人たちと比較《ひかく》したときに、あなたは、まだ恵《めぐ》まれていましたよ。

麻原彰晃　だから、そういう人はオウム真理教に入りなさいと。

矢内　それに対する感謝の気持ちとかを持つ機会があってもよかったのではないですか、生きている間に。

麻原彰晃　いや、俺はいじめられたんだって、小さいころから。左目が、ちょっと見えにくいってだけでね。

矢内　いじめられている人もたくさんいますよ。

麻原彰晃　許せねえんだよ！　そんなのは。

斎藤　許せないからといって、相手を死に至らしめるというのは極端《きょくたん》ではないですか。

麻原彰晃　いや、いじめられたことがないからだろう。

里村　いやいや。

麻原彰晃　おまえら三人、いじめる側だもんな。

里村　いえいえいえ。

麻原彰晃　いじめられてみろよ。本当に、毎日毎日、学校に行くのが嫌《いや》になるんだぞ。

矢内　もう、いじめ問題というのは本当に大変で、いじめられている子がたくさんいるんですけれどもね。

麻原彰晃　俺だって勉強したかったのに、いい学校に行けなかったんだよ。

矢内　でも、その大部分の子供たちは、一生懸命、耐えたり、そこからいろいろなことを学んで、強く生きているんですよ。あなたのように、「だから、人を殺していい」というような考え方は、根本的に間違っていたんです。そうした強く生きている子は、今もいるんです。

麻原彰晃　いや、俺は、「邪魔《じゃま》だ」、「ポアだ」って言っただけで、別に「殺せ」とは言ってない。やり方とか、そんな具体的なことは指示してないから。

里村　いや、あなたは、先ほど、大川総裁からご指摘《してき》があったように、「恨み」や「怒り」「憎《にく》しみ」といった感情が非常に強いです。

だけど、宗教を通じて、そういう負の感情をなくしていくことが、まさに「無我修行」であり、「無私」になっていくという修行なんですよ。

麻原彰晃　いえ、違うよ。仏教というのは、「いきなり仏様になるんだ」って（笑）。

斎藤　いや、違う。

里村　いきなり仏になる？

斎藤　「即成仏《そくじょうぶつ》」系ですか。

麻原彰晃　「いきなり仏」なんだから。それは下々《しもじも》の修行であって、「怒り」とか「憎しみ」とかを消すのは、丹念《たんねん》にやりなさい、あなたたち。

斎藤　いやいや。智慧《ちえ》によって、自分の心のなかにある間違った自我や偽我《ぎが》を治めていき、本来の自己に目覚めていくのが無我の修行であって、「自分が、いきなり、バーンとなくなってしまう」とか、「相手を殺してしまう」とか、それは、全然、無我修行ではありませんよ。あなたも「仏教」を標榜《ひょうぼう》していたではありませんか。

麻原彰晃　いや、だから、無我修行というか、もう、それは、「悟れない人間は、一回消えなさい。そのほうが幸せです」と。

斎藤　ああ、「消えなさい」と言って、殺してしまうのが「ポア」の教えですか。

麻原彰晃　ポアは、別に、「殺せ」って言ってない。「消えなさい」って言ってる。もう、「あなたは無理」っていうことだ。

里村　お釈迦《しゃか》様の教えには、そんな教えは一つもありませんけれどもね。

麻原彰晃　おかしいな。そんなことはない。

覚醒剤《かくせいざい》を修行《しゅぎょう》に使おうとしていたオウム教の間違《まちが》い

大川隆法　オウム真理教は、覚醒剤《かくせいざい》のようなものをつくっていたようですから。それを資金源にもしようとしていたし、修行《しゅぎょう》にも使おうとしていたんだろうと思います。

インドの行者《ぎょうじゃ》のなかにも、そういった変な者はいます。それでいわゆるトリップ経験というか、変性意識のようなものを経験するので、それで霊界《れいかい》体験したように思わせているわけです。

（オウム教では）実際は悪霊《あくれい》や動物霊などが憑《つ》いているのですが、その状態で膝《ひざ》をついてピョンピョン跳《と》び始めたりすると、それで悟りを開いたような気にさせるという宗教だったのではないでしょうか。

麻原彰晃　そうそう。結局、「霊現象が起きれば、基本的に、悟りの第一段階をある程度、通った」っていうことだな。

里村　ちょっと待ってください。これは根本的なことですが、あなたは霊現象を信じていらっしゃいましたか。

麻原彰晃　当たり前だよ。俺が動かしてるんだから。

里村　「自分には超能力《ちょうのうりょく》がある」と思っていたんですね?

麻原彰晃　おう、思ってた。

里村　「霊能力がある」と?

麻原彰晃　うん、うん、うん。

里村　それは、(脚《あし》を組んで座《すわ》った状態で)重ねた座布団《ざぶとん》の上から跳び降りるところを写真に撮《と》ったりしているのですが、それでも「ある」と思っていたんですか。

麻原彰晃　あるよ。いや、具体的に分かりやすくしてやらないと、普通の人は分からんだろう。だから、そうやって座ったんだよ。

矢内　覚醒剤を使って中毒になった人が更生《こうせい》するための組織があるのですが、そういう所に行って話を聞くと、覚醒剤をやった人というのは、やはり、幻覚《げんかく》を見るんです。

麻原彰晃　ふーん。

矢内　幻覚なんだけれども、極《きわ》めて霊的で、実際に、少し霊道《れいどう》が開《ひら》いて、そこに、どんどん、悪霊や悪魔といった者が入ってきてしまうんですよ。

麻原彰晃　へえー。修行してないな。

矢内　だから、覚醒剤というのは、ものすごく危険なんです。

麻原彰晃　うーん。修行してないからだろう。俺はしてるから。

矢内　実は、あなたがたは、そういったことをしていたんですよ。

麻原彰晃　俺たちが？

矢内　ええ。そして、それを「宗教だ」と思ってしまっていたんですね。

麻原彰晃　ふーん。

里村　幸福の科学は、一九九一年に宗教法人化したのですが、そのくらいから、「オウム真理教の苦行論には非常に危険性がある」というように、すでに指摘していました。

麻原彰晃　誰《だれ》が？

里村　「幸福の科学が」です。

麻原彰晃　そうなの？

里村　大川隆法総裁は、「危険である」と言っていました。

麻原彰晃　いや、でも、じゃあ、うちに高学歴の優秀《ゆうしゅう》な弟子がそれだけいっぱい集まってくるのはなんで？　頭いいのに。なんで分かんないの、それが。

矢内　覚醒剤をやって中毒になった人にだって、高学歴の人はたくさんいるんですよ。

麻原彰晃　ふーん。そうなの。

矢内　ええ。学歴とあまり関係はないんです。やはり、一回、そういうことを経験すると、幻覚を見てしまうんですよ。

麻原彰晃　関係ないの？　そうなのかな？

矢内　それが霊的に加味されているので、分からなくなってしまうんです。

麻原彰晃　だって、優秀な学校を出た優秀な研究者がいっぱい来てさあ、「尊師《そんし》様」って来るから。

斎藤　それは、今の教育には、「宗教を小さいころから教えていない」という問題点があるからです。そのため、今、そういったものの鑑識眼《かんしきがん》や鑑別眼、善悪を区別する鑑定眼を、なかなか持てないでいるんです。

麻原彰晃　そうだろう？　日本が悪いんだろう？

斎藤　だから、あなたが、そういう間違《まちが》ったことを言うと……。

麻原彰晃　そう。日本が悪いんだろう？

斎藤　どれほど知識のある人間でも分からなくなる場合があるんです。だからこそ、大川隆法総裁は、あなたが出たときに、『人生成功の秘策』（幸福の科学出版刊）という著書で、「善悪の目を持ちなさい」という警告を発しておられたんです。

『人生成功の秘策』
（1995年8月発刊／
幸福の科学出版刊）

麻原彰晃　あ、そうなの？　いろいろ、うちに対する誹謗中傷《ひぼうちゅうしょう》の本が出てるのは知ってたよ。

里村　誹謗中傷ではないです。

麻原彰晃　ふーん。いろいろ出てるのは知ってるよ。

里村　いや、いや、誹謗中傷ではなくて、正しい価値観、正しい基準から見た判定です。これは善悪を分ける「智慧」の部分です。

矢内　大川隆法総裁は、ずっと、あなたがたをも、正しい方向に導こうとされていたんですよ。

斎藤　ただ、あなたは、大川隆法総裁の西荻窪《にしおぎくぼ》時代からの発展の姿を見たときに、「同時期に起きたのに、なぜ、向こうはこれほど発展して、自分はそうならないんだ」というように嫉妬《しっと》して、ＶＸガスなど、いろいろなことをこちらに仕掛《しか》けて、大川総裁の生命を脅《おびや》かしたりしたんでしょう？

麻原彰晃　だって、「ここ（幸福の科学）は、何か、『生長《せいちょう》の家《いえ》』を見習って、大川総裁が本を書いて、それを読む人がいっぱい増えて」っていうやり方をやってたから。

うちは、確かに、それはできなかったからさあ。

斎藤　やはり、それで嫉妬したんですか。

麻原彰晃　「じゃあ、違うやり方でやるしかない」と思ったりはした。嫉妬なんかしてないよ。「今度は神秘現象でいこう」と思ったんだよ。

斎藤　ただ、あなたさあ……。「あなたさあ」と言ってはいけない。言葉が悪くなりました（苦笑）。

麻原彰晃　「尊師様」だろう？

斎藤　確かに、あなたは自分のことを「仏陀《ぶっだ》」とは言っていたけれども、その後、大川総裁は『愛から祈《いの》りへ』（幸福の科学出版刊）などの著作で、ヘルメスのいろいろな教えも出したんですよ。

麻原彰晃　うーん。で？

斎藤　そうしたら、あなたは、すぐに、「自分は〝復活したヘルメスだ〟」と、突然《とつぜん》、言い出しました。

大川隆法　（笑）

麻原彰晃　おお、いいんじゃないか。

斎藤　もう、とんでもないですよ。「マイトレーヤー仏陀」とか、いろいろなことを言っておきながら、最後は「〝復活したヘルメス〟だ」などと言うんですから。

麻原彰晃　まあ、そのへんの高級霊は、いつでも変われるから。

斎藤　あなたは、当会の変化に応じて、すぐにミートしてきましたが、そういうことをやっているから、「嫉妬している」ということがよく分かるわけですよ。

麻原彰晃　もう、いつでも、自分を変えられるから。マイトレーヤーにもなるし、いくらでもなるよ、高次元の存在なんだから。

オウム教の考えは左翼《さよく》テロ集団「連合赤軍」の流れ

里村　今の質問と少し重なるのですが、幸福の科学が出てきたときに、大川隆法総裁、また、幸福の科学をどのようにご覧になっていたんですか。

麻原彰晃　いや、とにかく、「うちと学歴で争っとるなあ」というのは分かった。

里村　学歴で争っている?

麻原彰晃　ああ。うちが「東大生がいる」って言ったら、おたくも東大生がいるし。

だから、学歴で争ってるのと、あとはＩＴ系だな。おたくも、パソコンを買って、いろいろとやっとったじゃん。うちも、やっとったのよ。

だから、「だいたい同じような形態の、似たような宗教だな」みたいな感じで、宗教学者なんかも言っとったらしいから。「ああ、じゃあ、ここが、いちおうライバルだなあ」と。

いや、だから、ちゃんと認めてたよ、ライバルとして。ただ、同じやり方でやれるところとやれないところはあるからね。そういう、やれないところはやれないところで、うち独自にやってただけよ。

だけど、おたくは「うちを潰《つぶ》そう」じゃないけど邪魔して、「警察に訴《うった》える」とかしてくるからさあ。

里村　いや、邪魔なんかしていません（苦笑）。

麻原彰晃　してるじゃん。

里村　警察に訴えたのは、あなたたちが、警察に通報されるようなことをやったからです。

麻原彰晃　だから、さっきから言ってるのは、「それは国家が間違っとるんだ」って。

里村　いや、私も、「国家が全部、正しい」とは思いません。

麻原彰晃　おお、おお、そうだろう？

里村　確かに、間違っているところもあると思いますよ。

麻原彰晃　おおー。

里村　そこは分かります。ただ、やはり、そこを、民主的なルールに則《のっと》って変えていかなくてはいけないところはあるんですよ。

麻原彰晃　そんなことをやってたらさあ、この国は終わっちゃうよ。民主主義って言ったら。「全員が賛成」みたいな、そんなことやってたらさあ、勝てないよ、中国とかに。そうなんでしょ？　そう言ってるんでしょ？　ここは。

里村　（苦笑）もしかして、あなたは「愛国心がある」と言いたいんですか。

麻原彰晃　愛国心なんかないよ、はっきり言って。この国を変えたいんだよ、俺、日本人だから。

里村　どのように変えたいんですか。何が理想だったんですか。

斎藤　少し、あなたの理想を教えてくださいよ。結局、どういう世界をつくりたかったんですか。

麻原彰晃　だから、「私が認められる世界をつくる」っていう……。

斎藤　（苦笑）自分中心ではないですか。先ほど、「無我」と言っていたくせに。

麻原彰晃　何が？

斎藤　いや、「自分が中心に認められる世界をつくる」ということが、なぜ無我なんですか。

麻原彰晃　おれが仏だからだよ（笑）。

斎藤　仏!?

麻原彰晃　そう。

大川隆法　でも、客観的には、左翼《さよく》のテロリスト集団には見えましたね。ですから、少し前に、「連合赤軍事件」と言って、「あさま山荘《さんそう》事件」とか、山小屋に籠《こ》もったりとか、いろいろありましたが、ああいった連中の流れのようには見えましたね。

里村　昔であれば、学生運動で極左に行ったような人がいましたけれども。

大川隆法　そうそうそう。「学生運動のような人が集まって、やっていたのではないか」という感じでしたね。

里村　ええ。彼らには、それなりに学歴もありましたし。

大川隆法　そう、学歴があっても、ああいうことをやるんですよね。

矢内　（麻原に）学歴の話で言うと、あなた自身の問題にはならないですよね。この

●あさま山荘事件　1972年2月19日、連合赤軍（日本の新左翼組織）のメンバー5名が、長野県のあさま山荘に人質を取って立てこもった事件。警察は山荘を包囲し、10日後の28日、強行突入し、5名を逮捕した。

あたりは、よくよく考えたほうがいいですよ。

麻原彰晃　いや、だから、俺は、頭はよかったのに、「目が悪い」っていうことで、入学を許されなかったんだよ。これは差別でしょ？

大川隆法　だけど、あなたは、本当は、高学歴の若者たちを次々と犯罪に巻き込《こ》んで、彼らの人生を目茶苦茶《めちゃくちゃ》にすることによって、快感を感じていたのではないですか。自分が、それで救われていたのではないですか。

麻原彰晃　まあ、そういう人間が、本当に、いとも簡単に、何て言うのかなあ、帰依《きえ》してきて……。

大川隆法　「そういう人たちを騙せる私のほうが賢《かしこ》い」と思って、快感を得ていたのではないですか。

麻原彰晃　だから、「その高学歴の人間が私に対して、尊師様と言って帰依してくる」っていうのは、そらあ、当然ながら、「そんならいいよ。入ってこいよ」みたいな感じで気持ちはいいわなあ。それの何が悪いの?

麻原霊の主張「弱者が日の目を見ない世は間違《まちが》っているから国家転覆《てんぷく》」

里村　やはり、それは、「あなた個人の願望を、ただ達成させている。成就《じょうじゅ》させている」というだけの話です。

麻原彰晃　普通の人は、それでいろいろ言うかもしれないけど、私はいいんだ。

矢内　コンプレックスも解消できるしね。

麻原彰晃　だから、さっきから、何か、「執着《しゅうちゃく》だ」とか、「自我だ」とかいろいろ言ってるけどさあ、そういう難しい智慧《ちえ》じゃなくて、チベットの仏教にもあるように、もう一つ、「方便《ほうべん》」っていうのがあるんだよな。智慧と方便。ね?

うちは、やっぱり、「方便で具体的にやっていかないと、世の中に広まらない」というところに少し立ってたよ。

里村　いや、方便というのは、真理を伝えるための手段として、一部、認められているものなんですよ。では、あなたが得た「真理」というのは何なのですか。

麻原彰晃　はあ、何が？

里村　あなたが得た「悟り」は何だったんでしょうか。

麻原彰晃　っていうか、おたくがそのころ、「方便の時代は始まった」とかいう……。

里村　●いや、終わったんです（会場笑）。

麻原彰晃　えっ？　「終わった」っていうことは、始まったんだろ？

●いや、終わったんです……　1994年3月31日、幸福の科学の教義の内容に関して、当時の立場を明らかにするために、「方便の時代は終わった」という法話を説いた。『宗教選択の時代』（幸福の科学出版刊）第5章所収。

里村　始まったんではなくて、終わったんです。

麻原彰晃　最初、方便だったんだろ?

里村　ですから、「方便の時代は終わった」わけです。当初、いろいろな霊人《れいじん》が、さまざまな意見を言っていたんですけれども……。

麻原彰晃　そう。幸福の科学だって、最初、方便だったじゃん。

里村　ですから、最初はいろいろな霊人が、さまざまな意見を言っていました。それを、だんだんと、理論書に基《もと》づいてまとめていって、方便の時代が終わったんです。

麻原彰晃　そうだろう?　うん。方便じゃないか。うちの方便には、おたくと違《ちが》って行動が伴《ともな》うからなあ。

矢内　ですから、根本的に、あなたの問題なんです。あなたの心の問題であってね。

麻原彰晃　心？

矢内　それを宗教的な言葉でごまかすのはやめたほうがいいですよ。

麻原彰晃　「心」って、意味分かんない。

矢内　あなたのコンプレックスとか、欲望とかね。

麻原彰晃　コンプレックス？　いじめに遭《あ》ったのは事実だよ。

里村　少し、あなたの言葉で、悟った真理、あるいは、つかんだものを語ってください。あなたは、「チベット密教《みっきょう》がどうだ」とか言っていますが……。

麻原彰晃　だから、「弱者が絶対に社会的に日の目を見ないというこの世は間違ってる」っていうこと、まずね。

斎藤　それが一つ。

麻原彰晃　そういう人は、一緒《いっしょ》に弱者連合をつくらないと強者には勝てないでしょ？

斎藤　はい。二つ。

麻原彰晃　そのためには、やっぱり、みんなで集まって、宗教団体、あるいは、政党とか、いろいろなかたちでさあ、組織をつくるっきゃないじゃん。

里村　ええ。三つ目。それで、組織をつくってどうするんですか。

麻原彰晃　だから、間違ってる国家を転覆《てんぷく》させるんじゃん。

斎藤　ああ、四つ目。

里村　そうすると、やはり、オウム真理教というのは、途中《とちゅう》から変わったとかいうことではなくて、つくったときから「国家転覆」という、地下鉄サリン事件につながる根はあったんですね。

麻原彰晃　いや、最初からじゃなくて、だんだん、優秀な弟子がいっぱい集まってきてさあ、「できるか？　おっ！　これはいけるかなあ」と途中で思ったよ。

斎藤　なるほど。

里村　ただ、根は、もともとあったわけですね。「オウム神仙《しんせん》の会」のときから、「いずれは、この国を」という……。

麻原彰晃　いや、いろいろ調べていくとさあ、教育にしたって、何にしたって、そういう変なやつらが、自分にいいようにして、行政をしとるじゃないの。だから、結局は、弱者が「マイナス」っていうか、「公平に判断されない」っていう、そういう世の中は間違っとるよ。

里村　今、「弱者」という言葉を使っていらっしゃいますが、「自分」でしょう？

麻原彰晃　うん？

里村　「弱者ではなくて、自分が公平に評価されない」と。「自分が」ということですよね。

麻原彰晃　だから、マイノリティー（少数派）だよ。

里村　「弱者」という言葉で、今、オブラートに包んでいますが……。

麻原彰晃　だから、マイノリティーのイエスと同じように踏《ふ》まれて……。

里村　いや、「マイノリティー」と言っても、それも「弱者」と同じです。

麻原彰晃　ひどい目に遭って〝磔《はりつけ》に遭った〟わけだ、俺は今回。ね？　それで、今、復活して……。

里村　いや……。

麻原彰晃　これを見た弟子が、「やっぱり、尊師様は違うな。最低でも、イエス・キリスト以上だなあ」ということを……。

麻原の人間の筋《すじ》は「偽薬《ぎやく》をつくって逮捕《たいほ》された過去の事件」に表れている

大川隆法　でもね、やはり、人間の筋《すじ》というのを見なくてはいけないと思うんですよ。あなたは、オウム神仙の会を始める前に、偽薬《ぎやく》をつくって逮捕《たいほ》されていますね。

本当は薬剤師の資格を持っていないはずなのに、薬局をやって、ミカンの皮か何かを干《ほ》したようなものを「薬だ」と称《しょう》して売って、薬事法違反《いはん》で逮捕されています。

あなたが一九八〇年に入信した阿含宗《あごんしゅう》の桐山靖雄《きりやませいゆう》という教祖も、同じように、戦後、偽《にせ》ビール事件で逮捕されています。ビールを偽造して逮捕されているんです。

こういう、「人を騙してでも金儲《かねもう》けをして、何かをやりたい」という感じは、最初からあるんですよね。それが宗教のかたちに変わってきているのですが、そういう流れをしっかりと引いているように見えますね。

麻原彰晃　うん。でも、お金はないと活動できないし、おたくも同じでしょ？

斎藤　いや、やはり、宗教的に言いますと……。

麻原彰晃　だから、そんなのでいいんじゃないの？　「尊師様が入ったお風呂《ふろ》の湯は聖水です」と。何が悪いの？

斎藤　「イニシエーション」と題してやっていましたけれども。

麻原彰晃　え？　おおー、いいこと言うなあ。おまえは素質があるなあ。（手招きしながら）こっち……。

斎藤　いえ（苦笑）。でも、「正語《しょうご》」に反していまして。

麻原彰晃　何それ？

斎藤　何？　「正語」も知らないんですか。

麻原彰晃　ああ、正語、「正しい言葉を語らなきゃいけない」っていう話ね？

斎藤　はい、正しい言葉、真実語、真実の言葉です。「嘘《うそ》ではない言葉」ですね。

麻原彰晃　ああ、私には適用されないね。

斎藤　いやいや。あなたは嘘ばかりです。ですから、先ほど、大川隆法総裁もおっしゃっていましたが、「最初から、騙しとか嘘とか、そういった真実と反することを平気で言える」というところに、まず問題があって、それは宗教の目指すものとはまったく違うところにあるということです。

ここは幸福の科学とあなたとの明確な違いですね。

麻原彰晃　チッ（舌打ち）、あのねえ、私は、さっきから言ってるようにさあ、やっぱり、「社会的弱者を救いたい」っていう思いはあったわけよ。ね？　その目的のためなら、別に手段は選ばないんですよ。

斎藤　ああ。目的のためなら手段を選ばない。

矢内　そうですよね。ですから、今、斎藤さんが言ったように、あなたが宗教的な法、教えから外れているのは間違いないんだけれども、それ以前に、あなたは、この世的な法からも逸脱《いつだつ》していることを……。

麻原彰晃　そう、そう。逸脱させられたんだよ。

矢内　いや、初めから、そのあたりのことを無視しているではないですか。法律違反をしていますよね？　それは犯罪者なんですよ。

この世の法律だって、歴史を見れば、実は、あの世の法が淵源《えんげん》で、その流れを引いて、この世の人たちが幸せになるために、調和できるように、人間がつくってきたものなんですよ。

麻原彰晃　いや、この世の法律は間違いだらけでしょ？

矢内　「それを大事にしよう」と思う気持ちはまったくないでしょう？

麻原彰晃　いや、この世の法律は人間がつくった法律だから、間違いだらけでしょ？

矢内　そこから違っているんですよ、あなたは。もともとスタートが犯罪者になってしまっているんです。この世の法律を守ろうとしないから、そこがまず違っています。

麻原彰晃　うーん……、だから、それは間違いなんだ。その法をつくった人間の間違いでしょ？

両親と社会への復讐心《ふくしゅうしん》を持ち続け、宗教を騙《かた》ってそれを晴らした人生

大川隆法　あなたは盲《もう》学校に入って差別されたのかもしれないし、弱者の話をするのはいいんだけれども、その前に、両親との関係はいかがでしたか。親とも、すごく仲

が悪かったでしょう？

麻原彰晃　それは、だってねえ、「こんな体に産んだ」っていうのは親が悪いよ。

大川隆法　「親に対する復讐心《ふくしゅうしん》」も持っていましたね。それが、「社会に対する復讐心」に変わっていきましたよね。

麻原彰晃　うん。だってさあ、「なんで、こういう体で生まれたの」って。それは親が悪いんでしょ？

里村　あっ、まず、そこが、もう原点ですね。

斎藤　お父さん、お母さんへの感謝というのはないんですか。

麻原彰晃　いや、「五体満足で産んでから言ってくれよ」って感じ。

斎藤　「お父さん、お母さんが、赤ちゃんのころから育ててくれて、本当に大事にしてくれた」ということは思い出せないかもしれないけれども、あくまでも、そういう愛があったということは信じられませんか。

麻原彰晃　うん。あなた、それだったらさあ、「ちゃんと健康に産んでよ」って。だから、最近、若い女性は妊娠《にんしん》してもさあ、鑑定して、もし身障者が生まれそうだったら堕《お》ろしちゃうんでしょ？

里村　いやいや……。

麻原彰晃　そう。それ、できるんじゃないの？

里村　いやいや、ちょっと待ってくださいよ。そういう人もいるかもしれませんが、「それでも産む」と言って産んでいる人もいらっしゃいますから。

麻原彰晃　そうなの？　へえー。

里村　ダウン症《しょう》の出生前診断《しんだん》でしょう？　産んでいらっしゃいますよ。

麻原彰晃　えっ？　わざと、人工流産させてるんじゃないの？　いや、だから、「正しい」ってことでしょ？　俺の言うことが。

里村　いやいや、あなたの言葉は、ハンディキャップを持って生まれて、頑張《がんば》っている多くの人に対して、非常な冒瀆《ぼうとく》になりますよ。

麻原彰晃　そうかなあ、（産んで）喜ばれとるのか？

矢内　「お父さん、お母さんが、どれだけあなたに愛情を注いでこられたのか」ということを少し振《ふ》り返って、親の愛というものを感じ取る瞬間《しゅんかん》を持ったほうがいいですよ。今からでも、いいですから。

麻原彰晃　親に対する……。

大川隆法　あなたは、むしろ反対で、両親が自分を捨てて盲学校に放り込んだことに対する恨みがあったのではないですか。

（目が見えないと言うが）生前の渡部昇一《わたなべしょういち》先生に言わせると、「麻原彰晃の視力は、渡部先生よりよい」そうですよ。

斎藤　ええっ！

大川隆法　渡部先生は、「眼鏡《めがね》をかけて、自分は見えるようになったけど、自分のほうが悪いんだ」と言っていましたから。

斎藤　（麻原に）あなた、本当は見えていたんですね。

大川隆法　ですから、「本当は見えている」という意見もあったんですよ。確か、右目は、「〇・一」か何か、そのくらいで、渡部昇一先生は、「〇・〇一」とか、そのくらい悪くて、「私のほうが悪いのに、彼は盲学校に行っている」と言っているんですね。

ですから、それは、おそらく、お金の問題だったかもしれないとは思うんですけれども ね。そのあたりで恨みがそうとうあったのではないでしょうか。

麻原彰晃　そう、家が貧しかったんですよ。貧しいし、私みたいにね、目が悪い子を産んじゃって。「どうしろ」っていうんだよ、そんなの、世の中を生きていくのに。

里村　いやいや、それでも、懸命に生きている人はいらっしゃいます。

麻原彰晃　「どうしろ」っていうんだよ、そんなの。

里村　だいぶ根っこの部分が見えてきましたが、宗教という衣《ころも》を被《かぶ》ると、復讐心を晴らしたり、人を騙したりすることがやりやすくて、実際にそれをやったというわけですね。要するに、手段としての宗教だったんです。

麻原彰晃　いや、だって、「弱者救済」ったら宗教でしょう。

7　仏教とは正反対の考えで宗教の評判を貶《おとし》めたオウム教

チベット仏教の修行《しゅぎょう》は、実は途中《とちゅう》でやめていた

里村　例えば、「そのままで仏なんだ」と言いながら、「修行《しゅぎょう》は必要だ」と言ったりしていましたが。

麻原彰晃　うん？　まあ、一般《いっぱん》の人はね。

里村　あなた自身はどういう修行をされたんですか。

麻原彰晃　だから、もう悟《さと》ったんだって、最初から。

斎藤　修行はしていなかったんですか。

麻原彰晃　分かんないけど、難しい、チベット仏教的な……。ちょっと難しくなって途中《とちゅう》、実は挫折《ざせつ》じゃないけど、やめたんだけど。まあ、それらしい仏教用語だけは〝マスター〟したよ。

それで、おまえらと、うちの弟子《でし》たちが勝負したら、おまえら、こてんぱんにやっつけられて。まったく仏教を分かってなかったじゃない。

里村　いやいや、違《ちが》います。

麻原彰晃　スーツ着て来てさあ、まったく仏教のことを答えられなかったじゃないの。あんときに、完全にもう逆転してる。

斎藤　一九九一年の「朝まで生《なま》テレビ！」のことですね。田原総一朗《たはらそういちろう》氏の司会で、「若者と宗教」というテーマについて、一晩ずっと討論をやりました。

麻原彰晃　そうそう。

斎藤　あなたも出ていましたし、上祐《じょうゆう》氏とかも出ていました。こちらのほうは、幹部が三人から四人出ていました。

麻原彰晃　全然大したことなかったねえ。

斎藤　私も、幸福の科学の青年の代表三人の一人として、観覧席におりました。

麻原彰晃　青年だったの？　いたの？

斎藤　ワアワアワアワアワア、会場からマイクで言いましたが、「現代の仏教のスタイルは、本来仏陀《ぶっだ》が説いたものと違う。修行というか、仏陀の解釈《かいしゃく》が間違っている」ということを言わせてもらいましたけれども、あなたは仏教を悪用しているというか、言葉の表面だけを取ってやっているところがありますよ。

麻原彰晃　表面？　だから、智慧《ちえ》は智慧であるんだけど、うちは方便《ほうべん》のほうなんだって。具体的な行動なんだって。

斎藤　それでは、「飾《かざ》りとしての仏教用語だった」ということですよね。

「殺し」「嘘《うそ》」「盗《ぬす》み」――仏教の「五戒《ごかい》」とは正反対の〝修行《しゅぎょう》〟

矢内　百歩譲《ゆず》って、あなたが宗教的な何かをしたとするならば、弱者を救ったことはありますか。

麻原彰晃　弱者？　うちに来た弟子たちは救ったじゃないか。「やっと、生きがいが見つかりました」って。「自分の好きな研究ができます」って。

矢内　その一方で、たくさんの人を殺しています。オウム真理教に修行《しゅぎょう》に行った人であっても、行方不明《ふめい》の方が三十人近くいますよ。修行の過程で亡《な》くなった方もいるんです。

麻原彰晃　うん、いやあ、それは、だから……。

矢内　そういう人たちはどうなんですか。

麻原彰晃　こっちの教えに反したからだよ。逃《に》げようとしたし。

斎藤　逃げようとした人を灰にしましたよね。

麻原彰晃　いやいや、私に対して批判したからだよ。

大川隆法　いや、それだけではないのではないでしょうか。教団のなかで修行させていると、ご飯《はん》やパンを食べさせなければいけないわけですが、それがもったいなかったのではないでしょうか。

「財産を全部巻き上げたら、あとは灰になっても構わない。だから殺していた」という噂《うわさ》が高いので、そうなのではありませんか。結局、「五戒《ごかい》」に反したことを全部やっています。人殺しは平気だし、嘘《うそ》はつき放題でした。

斎藤　「殺生《せっしょう》」、「妄語《もうご》」ですね。はい。

大川隆法　それから、「盗《ぬす》み」です。カードや通帳などの財産を全部盗んでいました。假谷《かりや》さんも、拉致《らち》して全部盗《と》ったら、あとはもう用がないから、灰にされていますよね。これはもう、「仏教である」というのは、まったくの嘘ですよ。

斎藤　五戒にまったく反しています。

麻原霊の主張「搾取《さくしゅ》している金持ちから盗《と》って、何が悪い」

麻原彰晃　でも、そうおっしゃいますけどねえ、お金持ちからお金を盗《と》って、何が悪いんですか。

大川隆法　（苦笑）殺して盗るのは強盗《ごうとう》殺人ですよ。

麻原彰晃　いや、お金持ちはさあ、結局、不当なことをして、ブルーワーカーに働かせて自分らは搾取《さくしゅ》しとんでしょ？　それを盗って何が悪い？

里村　（苦笑）マルクスみたいなことを言わないでくださいよ。「搾取して」とか、お金持ちがみんな悪い人であるかのような……。

麻原彰晃　ああ、うちの弟子がそんなことを言っとった。

矢内　それは法律違反《いはん》、刑法《けいほう》違反です。

麻原彰晃　「すごい。尊師《そんし》が言うことはそのとおりだ」って言ってたよ。「マルクスだ」って。だから、弟子は「素晴《すば》らしい」って言ってたよ。「平等じゃなきゃいけないんだ」って。お金を持ってるやつは絶対悪いこととしてるもん。

大川隆法　ですから、やはり、オウム真理教は、連合赤軍の焼き直しなんですよ。

里村　そうですね。

麻原霊の主張「霊的《れいてき》存在から『奪《うば》え』と言われ、知恵《ちえ》を授《さず》かっていた」

里村　先ほど、修行ということを言っていましたが、そもそも信仰《しんこう》はお持ちだったんですか。天上界《てんじょうかい》の神々への信仰、あるいは仏陀への信仰は？

麻原彰晃　だから、〝仏陀〟は、〝仏陀〟を信じているんでしょ？　ここでも説いてるじゃない。俺《おれ》もそうなんだよ。俺を信じてる。何が悪い？

里村　仏陀であれば、例えば、●梵天勧請《ぼんてんかんじょう》とか、霊的《れいてき》存在と交流した話がいろいろとあ

●梵天勧請　釈尊が悟りを開いたあと、「この教えは難しすぎて、理解されないのではないか」と法を説くことをためらっていたときに、梵天から「衆生のために法を説いてください」と請われたこと。

ります。あなたはどういう方たちと話をしたんですか。

麻原彰晃　だから、理科系学生っぽいのが来て、「もう尊師についていきます」って。

里村　いやいや、霊的存在です。霊的存在と、どういう？

麻原彰晃　霊的存在？　霊的存在はとにかく、あれだよ。もう、「奪《うば》え」って言う。「奪え」みたいなことを、やっぱり……。奪う、何と言うか、具体的な知恵《ちえ》を授《さず》けてくるな。うん。

里村　どんな方が？

麻原彰晃　けっこう優秀《ゆうしゅう》な……。名前は分からんけど、「とにかく、こういうふうにしたらうまいことといくよ。お金、奪える」じゃないけど。

矢内　「身ぐるみを剝《は》がせ」みたいな?

麻原彰晃　身ぐるみというか、まあ……。

斎藤　確かに、出家《しゅっけ》と称《しょう》して弟子を入れると、すべての財産を没収《ぼっしゅう》して教団に出させていました。それから、電流の流れるヘッドギアを着けさせていましたが、在家《ざいけ》の人が一週間体験するのに百万円だと言っていました。

大川隆法　百万円のね。

斎藤　それで、どんどん洗脳をかけていったわけです。

麻原彰晃　電流?　ああ、俺も自分でやってみたけど、あれ気持ちいいんだぜ。

斎藤　（苦笑）電流を流すと、ですか。

麻原彰晃　そうそうそう。何かこう、ほんとに、「あ、あ、あ！」って、「霊的な存在になった！」ということが分かる。

斎藤　ああ、これは心の修行とまったく違います。唯物《ゆいぶつ》的に持っていくんですね。

オウム教の実態は搾取《さくしゅ》する「山賊《さんぞく》経営」

大川隆法　あなたは、経営的にも、実は能力がなかったのだと思います。有名になったマックス時で、信者数一万人と言っていましたが、出家している人数は千七百人ぐらいいたようです。ところが、一万人で千七百人を養うのは難しいのです。ですから、「生活的に邪魔《じゃま》になった者は消していく。お金にならない者は消していく。次々と新しい人を連れてきて、お金をもぎ取ったら消していく」という感じだったのだと思うんですよ。

里村　それこそ搾取《さくしゅ》です。

麻原彰晃　それが宗教なんじゃないの？

里村　いや、全然違います。

斎藤　「搾取」をモットーにしていたんですね。

麻原彰晃　少なくとも貧乏人《びんぼうにん》は相手にしてないからさあ。

大川隆法　「山賊《さんぞく》経営」ですね。

矢内　犯罪なんです。

麻原彰晃　お金を持ってる人間から頂いてるだけなんだよ。で、困ってる人が使う。
何が悪い？

里村　騙《だま》すのはよくないです。

麻原彰晃　騙すっていうか、金儲《かねもう》けするやつが騙してるんでしょう?

里村　いやいや、違いますよ。

麻原彰晃　騙してるやつは、騙していいの。

矢内　自分のやっていることが悪だということが分からなければ、あなたは宗教の「宗」の字も使えないですよ。

麻原彰晃　宗教の「宗」の字も?

矢内　ええ。善悪を見極《みきわ》めるのが、宗教の根本《こんぽん》です。

麻原彰晃　いや、ちゃんと、私は仏教を極めてる人間だからさ。

斎藤　「仏教を極めている」というのは、ちょっと勘弁《かんべん》してください。まったく真逆です。

騙《だま》しは、仏陀《ぶっだ》のやることではない

大川隆法　あなたがたの勧誘《かんゆう》の手口には、ちゃんと「騙《だま》し」が入っていましたよね。大学生たちに、まずカレーをタダで食べさせていました。そうすれば食べに来ますからね。そして、カレーを食べさせて、次は「ヨガをやってみませんか」とか言って、だんだんなかへ入れていったわけです。こういうやり方でした。

斎藤　騙しの手口がシステム化していますね。

大川隆法　仏陀《ぶっだ》のやることではありません。

麻原彰晃　なんで、総裁、そんな具体的なことまでご存じなのかな？　ちょっと怖《こわ》いな。なんで？「うちの出家者が千七百」って、なんで知ってる……。

矢内　仏でいらっしゃるから、分かるんですよ。

麻原彰晃　それは絶対に口外もしていないし、分かるはずがないのに。

大川隆法　得票数は千七百票ぐらいでしたよね。

斎藤　強制的にやらせて千七百票ですね。

麻原彰晃　おたくぐらいでしょう。

大川隆法　うちはいちおう、百万票を超《こ》えて入っています。

麻原彰晃　まあ、でも、国会議員は通ってないよね。

里村　ただ、地方議員はだんだん増えています。

麻原彰晃　そうなの？

里村　時間がかかるんです。

麻原彰晃　だから、待ってられないんだって。寿命《じゅみょう》もあるから、人間っつうのは。

「無我《むが》とは、体をなくすこと」という皮相的な仏教解釈《かいしゃく》

斎藤　しかし、「時間を縮めるために、相手の命を奪っていい」なんていうルールは、神から流れた教えにはないんですよ。

麻原彰晃　いや、正しい教えを広めるためには、しょうがないんだって。自己犠牲《ぎせい》なんだよ。

斎藤　ただの殺人です。

麻原彰晃　何が？　もう、分かってない人は無我《むが》になって、消えるしかないんだ。

斎藤　「消えることが無我」ではありません（苦笑）。「体をなくすから無我だ」ではないんですよ。考え方をすごく間違えています。

麻原彰晃　何、無我って？　そもそもが。無我って、そういうことじゃないの？

斎藤　「無我」が分からないんですか。

麻原彰晃　分かんないな。

斎藤　（苦笑）あまりにも衝撃《しょうげき》です。仏教解釈《かいしゃく》で、「体がなくなることが無我だ」というのは初めて聞きました。要するに、無我とは、「肉体は自分ではない」「煩悩《ぼんのう》も自分ではない」ということです。「肉体はこれ我《われ》ならず」「煩悩はこれ我ならず」なんですよ。だから、「『自分が、自分が』という自我の思いや執着《しゅうちゃく》を去りなさい」という教えなんです。

麻原彰晃　なんで、そんな初期のころの話、知ってんのかなあ。

斎藤　もう総裁は全部見ていますよ、最初から最後まで。

麻原彰晃　なんで知ってるのかな。

斎藤　私なんか、幸福の科学に出家したとき、先生に家のなかを、離《はな》れた空間から全部バーンと視《み》られました。だから、あなたも全部視られています。

麻原彰晃　ああ、そうなの？

ほかの宗教にも社会にも迷惑《めいわく》をかけたのに反省がない麻原霊

矢内　少なくとも、今、あなたは無我ではありません。そして、あなたがこの世で犯《おか》した罪は、あなたが死刑になって死んだあとも、実は消えていないのです。そのことは分かっているでしょう？

麻原彰晃　俺、消えてない。ここにいるよ。

矢内　ええ。あなたは消えていないし、あなたの罪も消えていません。

麻原彰晃　罪が消えてない？　えっ？　何言ってんだ。死刑という刑を受けたから、俺は俺で、これで償《つぐな》ったわけでしょう？

矢内　しっかり反省し、自分が苦しめた人たちに謝罪をして……。

麻原彰晃　謝罪は必要ないね（苦笑）。

矢内　償いをして初めて、救われる道が開けてくるのです。

麻原彰晃　反省って何？

里村　「あなたは今、反省しなければいけない」と言っているんです。

麻原彰晃　だから、反省って……、教祖に反省はないでしょ。

大川隆法　あなたは、ほかの宗教を信じている人たちにも、そうとう迷惑《めいわく》をかけているし、社会的にもそうとう迷惑をかけたので、このへんについて「けじめ」をつけてもらわないと、死刑だけでは終わらないのです。

里村　死刑というのは、特定の犯罪に対する、ある意味での報《むく》いとして執行《しっこう》されたわけですが、あなたは、それに止《とど》まらないたくさんの罪を犯しているんです。

麻原彰晃　止まらないって……。死刑は極刑なんだから、それ以上ないじゃない。

斎藤　あなたは、宗教というかたちを取って、模擬《もぎ》宗教のようなことをやりました。あなたのその悪業《あくぎょう》とか、間違いとか、嘘とか、邪念とかによって、真剣《しんけん》に修行したり、真剣に愛を広めたりしている正しい宗教団体の人々が迷惑しているんですよ。

麻原彰晃　そんなさ、弱者を救済する宗教があるんだったら、なんで、最初、俺を救済してくれなかったの？　ないから、自分でつくるしかないじゃない。

里村　何を言っているんですか。道を求めて、あるいは救済を求めて、自分のほうから歩かなかったら、進むわけがないじゃないですか。

麻原彰晃　五体不満足で生まれたら、誰《だれ》かが助けるのは当たり前でしょ。

矢内　しかも、あなたがオウム真理教をつくってから、実は、大川総裁は何度も何度もあなたの間違いを指摘《してき》して、救おうとされてきたんですよ。

麻原彰晃　間違いを指摘したって？

矢内　そういうことも全然気がついてないでしょう？

麻原彰晃　いや、うちのことを批判しまくってたじゃないの？

矢内　単なる批判ではないんです。

「本当の宗教は心のなかの罪を問う」との指摘《してき》に「そんなバカな」と麻原霊

大川隆法　むしろ、九一年に、あなたのほうから『真実の仏陀の教えはこうだ！――幸福の科学の会員よ聞きなさい！』（オウム出版刊）という本を出して、うちの信者を取ろうとしましたよね。

斎藤　相乗りしてきて、こちらの信者を取ろうとしたわけですね。

麻原彰晃　いや、それは、うちと同じ土俵《どひょう》で言ってたから……。

大川隆法　マスコミがそれを面白《おもしろ》がったりしていました。

里村　あの当時、オウム真理教はあまり扱《あつか》われなくなっていたので、幸福の科学ブームに便乗しようと、そういう本を急に出して一生懸命《いっしょうけんめい》ＰＲしたわけですよね。

麻原彰晃　おう。だから、おたくが本で広げているのをまねしたんだ。そこは学ばせてもらったよ。

里村　そういう意味では、假谷さんの事件でもそうですが、やはり、幸福の科学の存在は、あなたにとって非常に煙《けむ》たかったわけですね。

麻原彰晃　邪魔だね。だって、一緒《いっしょ》にされたくないもん。

里村　一緒にされたくないのは、こちらです。

麻原彰晃　ああ?

里村　一緒にされたくないのは、こちらなんですよ。迷惑ですよ。

麻原彰晃　私のこと、誹謗中傷《ひぼうちゅうしょう》してるくせに、よく言うよ。

矢内　今日、私は、あなたにちょっと言いたいことがあるんです。さっき総裁がおっしゃっていましたが、あなたは大川隆法総裁をＶＸガスで殺害しようとしたでしょう？

麻原彰晃　「邪魔だ」って言ったよ、幹部三人ぐらいにね。

矢内　あなたの犯した罪のなかで、それが、宗教的には最も重大な罪なんですよ。

麻原彰晃　別に、死なずに……。

矢内　それを認めて、謝罪しなさい。

麻原彰晃　はあ？　今、生きてるじゃないの。殺してない。

矢内　未遂《みすい》ですが、やろうとしたでしょう？

麻原彰晃　「邪魔だ」とは言ったよ、弟子にはね、幸福の科学の総裁が。

里村　宗教的に言えば、「思いでなした罪」というのがあるんです。

麻原彰晃　そんなバカな。行為《こうい》に対する罪でしょ？

斎藤　宗教を心の世界として理解しているのではなく、かなり唯物的な理解、表面的な用語の理解だけになっているんですね。

麻原彰晃　唯物的な理解？

斎藤　そして、「犯罪を犯しても犯罪ではない」と。

麻原彰晃　俺だって少しは法律を勉強したけど、「殺してやろう」と思っても、殺さなかったら無罪でしょ？

里村　それはこの世の法律です。宗教はもっと厳しくて、「心のなかで思っただけでも罪になる」というところから出発して、自分を律していくんですよ。

麻原彰晃　だって、おたくは……。

矢内　それが宗教の根本です。初歩なんです。その初歩もあなたは知らない。

麻原彰晃　全然分かんないな。

里村　これが分からなかったら、あなたは宗教指導者を名乗る資格はないんですよ。

麻原彰晃　宗教っていうのは、教会をつくって、そこで困った子供を集めて、カレーとかパンとか与《あた》えるのが、宗教でしょ？

里村　そういうことをやっている宗教もありますよ。でも、あなたは、そこで止まらなかったでしょう？

麻原彰晃　止まらなかった？

里村　邪魔になる人を殺しました。

麻原彰晃　おたくは特に、いろいろ攻撃《こうげき》してくるからさあ。で、いろいろ弟子に調べさせたら、どうも、「大川総裁が話した内容を本にして出してる」と。「結局、幸福の科学ってのは大川総裁一人なんだな」と。「だから、いなくなったらやめるだろう」っていうことで、指示は出してるよ。出してるけど、まあ、具体的には俺は何もやってないけどね。何が悪い？

麻原霊の主張

（仏教の反省行《ぎょう》「八正道《はっしょうどう》」に対し）
「俺《おれ》、関係ない。それを説いたほうだから」

矢内　それはもう、本当にとんでもない罪です。

麻原彰晃　とんでもない？

矢内　今、それを悔《く》い改めて……。

麻原彰晃　悔い改めて（苦笑）。

矢内　ええ。反省して謝罪する機会を与えていただいているので。

麻原彰晃　いやあ、全然「悪い」と思ってないから。

矢内　私は、あなたに、その罪を認めて反省してほしい。

麻原彰晃　だから、反省って意味が分からない。

里村　仏教では、「八正道《はっしょうどう》」という、非常に大事な心の修行《しゅぎょう》があるのですが。

麻原彰晃　聞いたことぐらいあるけどね。

里村　けれども、実践《じっせん》したことはない？

麻原彰晃　俺《おれ》、関係ないもん。だって、それを説いたほうだから。

里村　いや、その、「関係ない」という自己認識が誤っているんです。八正道の最初の「正見《しょうけん》」から、もう間違っています。

麻原彰晃　間違ってる？　何が間違ってる？

里村　「自分は関係ない」「自分はもう悟った存在である」という見方が、もうすでに間違っているんです。

矢内　そして、「人を傷つけたり、人の命を奪《うば》ったりしていい」と思っていること自体が、人間としてのスタート地点から違っているんですよ。

麻原彰晃　そういう国家を転覆《てんぷく》させるためだったら、しょうがないんじゃないの？

里村　そんなことはありません。あなたから見たら、「分かっていない」と思う人も、みんな、自分のそれぞれの人生を頑張《がんば》って生きようとしているんです。あなたは、その権利を強制的に奪ったのです。あなたには、そんな権利も資格もないのに。

仏教の「原因・結果の法則」(因果《いんが》の理法《りほう》)に対する大いなる誤解

斎藤　仏教には、縁起《えんぎ》の理法《りほう》といって、「原因・結果の法則」が説かれていますが、はっきり言って、あなたはその因果《いんが》をくらましていますよね。それは「自分は因果の理法に落ちない」という考えで、「不落因果《ふらくいんが》」と言われています。あなたも、そのように、「自分だけは因果の理法から脱《だっ》して、特別にポーンと離れて、全然平気なんだ」という考え方なのではないですか。

麻原彰晃　そうそう、そうそう。そうだよ。

斎藤　でも、仏陀が教えてくださっているのは、その「不落因果」のほうではなく、「不昧《ふまい》因果」なんです。「因果はくらませない」というのが、仏教の伝統的な考え方なんですよ。

麻原彰晃　ああ、下々《しもじも》の人はそうなんだろうね。

斎藤　あなただけは特別なんですか。

麻原彰晃　そうそう、そうそう。

斎藤　あなただけは因果から外れているんですか。

麻原彰晃　悟ってるんだって（苦笑）。

斎藤　悟りにおいて、全然問題ないんですか。

麻原彰晃　ああ。

斎藤　しかし、仏教の『無門関《むもんかん》』にある禅《ぜん》の公案《こうあん》のなかには、「（不落因果を説いた）元住職《じゅうしょく》は、間違いを教えたために地獄《じごく》に堕《お》ちて、野狐《やこ》として五百回転生《てんしょう》したが、百丈《ひゃくじょう》和尚《おしょう》から不昧因果を教わり、悟りを開き、人間界に戻《もど》れた」という話もありますよ。

麻原彰晃　へえ。そうなんだ。そういえば、そういう話、言ってたな。たとえ話だけど。

斎藤　あなたがそのとおりではないですか。

麻原彰晃　なんで？

斎藤　そのままだと、あなたも〝五百回〟ずっと行きますよ。

麻原彰晃　いやあ、私は今言ったように復活してるし、また近々復活するよ。

里村　とんでもないです。大川総裁のご慈悲《じひ》で、今こういうふうに、あなたの考えを話す機会を頂いているだけなんですよ。これは復活でも何でもありません。

8　麻原霊《れい》の思想の本質、霊的実態、そして地獄《じごく》の行き先

麻原霊の主張「行き場所というか、これからどうなるのか不安だ」

里村　「私は超越《ちょうえつ》した存在なんだ」と言うあなたには、行き場所がないわけですよね？

麻原彰晃　行き場所というか、これからどうなるのか、ちょっと実は不安だっただけだ。

里村　ああ、やはり不安だと。

麻原彰晃　いや、これから先どうなるかが……。

矢内　今、この機会に、自分を振《ふ》り返って反省しないと、あなたは本当に地獄《じごく》のいちばん深いところに行きますよ。

麻原彰晃　深いところって（苦笑）。いちばんトップにいたんだから。

矢内　仏のご慈悲《じひ》でチャンスを与《あた》えていただいているんですよ。大川総裁にしようとしたこと、そして、多くの人たちを苦しめて、殺して、生きる権利を奪《うば》ったことに対しての罪を……。

麻原彰晃　いや、だって、もう、この世に生きててもしょうがない人間は、しょうがないんじゃないの？　うちの活動を邪魔《じゃま》する人間は、もう……。

里村　先ほど、「ちょっと不安だ」と言いましたよね。なぜ不安なんですか。

麻原彰晃　いや、だから、ちょっと……。今、家ないし。

斎藤　「〝最終解脱者《げだつしゃ》〟に帰る家がない」というのは、すごく不思議な話ですよね。

麻原彰晃　いや、だから、弟子《でし》の姿もなくなって……。おかしいなあ。

生前、指導していた霊は「脚《あし》も眼《め》もいっぱいある大きな存在」

大川隆法　あなたの弟子たちは、おそらく覚醒剤《かくせいざい》をやって幻覚《げんかく》を見たことや、動物霊などが憑《つ》いて体がピョコピョコ動いたようなことを、神秘現象だと思って信じたのだろうと思いますが、生前あなたを指導していたのはいったい誰《だれ》ですか。誰が指導していたのですか。

麻原彰晃　誰が指導して……。

大川隆法　誰か憑いていたでしょう？　今日、来ませんでしたか。

麻原彰晃　誰が指導してた……。うーん。誰が？

大川隆法　全部表面意識でやっていたのですか。

麻原彰晃　いや、うーん、まあ、やっぱり、ときどき大きな判断をするときは、声はしてたね。うん。声はした。「そうすればいい」と。まあ、私の守護霊《しゅごれい》かなあ。うーん。守護霊って言うのかなあ、何て言うんか分かんねえけど。

大川隆法　それは天上界《てんじょうかい》のものか地獄界のものか、区別がつかなかっただろうと思いますけどね。

麻原彰晃　うーん……。

大川隆法　分かりませんか。

麻原彰晃　人間っていう感じじゃなくて、何か巨大《きょだい》な、大きなものなんだな。

里村　姿はありましたか。

麻原彰晃　姿は、うーん、何て言うのかなあ、脚《あし》がいっぱいある。脚が、脚、脚……。脚も、眼《め》もいっぱいある。

分かんないけど、何か大きな、大きな存在なんだよ。いや、まあ、それは私自身だろうな。

斎藤　時折現れて、アドバイスを下さるんですか。

麻原彰晃　考えてて、まあ、ちょっと迷うわけじゃないけど、「うーん、どうしようかな」と思ったときに、アドバイスが来るって感じだ。

麻原霊の主張「自分は破壊《はかい》の神シヴァだから、破壊する権限がある」

大川隆法　あなたがシヴァ神だと思っていたものがいるのではないですか。

麻原彰晃　ええ、シヴァ神です、私は。破壊《はかい》の神。破壊の神でもある。

里村　だから、「破壊する権限を持っている」と?

麻原彰晃　持ってる。許された。だから、何が悪い?

里村　誰に許されたんですか。

麻原彰晃　分からん。名前は聞いたことがない。いや、確かに、何か、判断にちょっと迷ったときは、ちゃんと、「こうしたほうがいい」っていうアドバイスを親切に言ってくる人はいたねえ。まあ、霊能者だから当然だけど、固有名詞は分からんなあ。

矢内　眼も脚もいっぱいあるというと、クモのような感じに思えるのですが。

麻原彰晃　クモ……。なんで、そうやって貶《おとし》めるのよ。そういう感じじゃない。

矢内　そうじゃないですか。

麻原彰晃　人間よりはるかに大きいよ。体的には大きい。そういう生き物がいるんじゃないの？

矢内　化《ば》け物ですね。

麻原彰晃　化け物って、失礼なこと言うなあ。

里村　その存在は、あなたが小さいころや盲《もう》学校に通っていたころから、ずっといたのですか。

麻原彰晃　そう、そう。

だから、いじめられたりしたときに支えてくるというか、「おまえは本当に不幸だ」とか、「あいつらを見返してやれ」とか、そういう感じで聞こえてくるわなあ、当然。「そらそうだな」と思っていたし、それを肯定《こうてい》してくれたら、やっぱり自分の自信がつくじゃないの。

里村　「こういうことはしてはいけない」とか、そういうことは言わないのですか。

麻原彰晃　「やれ」しかない。「やったほうがいい」っていうか。

まあ、積極的だな、要は。さっきから言ってるように、行動というか、方便《ほうべん》を重視してるから。

過去世《かこぜ》は盗賊《とうぞく》の首領・石川五右衛門《いしかわごえもん》で、その実態は「殺しと盗《ぬす》み」の人生

里村　もう一つ、その話の流れで述べると、幸福の科学では、すでに二十数年前にあなたの霊査《れいさ》がなされています。

麻原彰晃　うーん。何かあんの？

里村　過去世《かこぜ》において、石川五右衛門《いしかわごえもん》だったという話もあるのですけれども。

麻原彰晃　石川五右衛門。

里村　はい。大悪人ですね。

麻原彰晃　ああ。大泥棒《おおどろぼう》だ。

●過去世において……　『人生成功の秘策』（幸福の科学出版刊）参照。

里村　義賊《ぎぞく》のように描《えが》かれる話もありますが、そうではなく、実態としては殺しと盗《ぬす》みをしていました。

麻原彰晃　ふうーん。

里村　そして、五右衛門もまた豊臣秀吉《とよとみひでよし》をとても憎《にく》んでいました。もちろん、それはいろいろとあるのでしょうが、とにかく、時の政府というものに対する恨《うら》みが非常に強かったわけです。

麻原彰晃　ああ、秀吉は嫌《きら》いだねえ。ゴマすって偉《えら》くなったやつでしょう?

里村　いや、ゴマだけではないと思います。実力もあったと思います。

麻原彰晃　だから、そういうやつから金を奪って何が悪いのって。天守閣《てんしゅかく》か何かでさあ、金《きん》の茶室とかをつくったでしょう?　そんなの（笑）、奪って何が悪いのよ。

里村　やはり、似たような傾向性《けいこう》ですよね。「大義名分《たいぎめいぶん》、建前を立てて、極悪非道《ごくあくひどう》のことをやった」という意味では、同じようなことをしています。

麻原彰晃　いや、五右衛門かどうか知らんけど、別に、悪いことをしたやつ、お金を持ってるやつから奪って何が悪いの?

里村　ずっとその考えがあるわけですね。

麻原彰晃　だから、考えあるよ、そら。

里村　そして、今回の人生でも、それをずっとやり尽《つ》くした結果として、死刑《しけい》が執行《しっこう》されたということです。

「後継《こうけい》三団体の信者を救ってあげよ」との諭《さと》しにも自分の心配ばかり

里村　そうすると、今後、あなたはどうされますか。

麻原彰晃　いやあ、だって、行くところないんで、ここにいるよ。

里村　行くところがない……。

斎藤　いや、それは困ります。

里村　〝最終解脱者〟であり、最高の存在で善悪を超《こ》えたような存在の方が、死後に行き場所がないというのはおかしいでしょう。

麻原彰晃　いや、だからねえ、たぶん、今日亡《な》くなったばかりだから。たぶん、イエスであっても導きの霊が来るじゃない。弟子が天上界で待ってはいるんで、まあ、ちょっと待っていようかなと思うんだけど。
でも、何の連絡《れんらく》もないんで。

里村　もうまもなくですよ。地面が割れると思います。

麻原彰晃　地面？

斎藤　そうです。普通《ふつう》は四十九日《しじゅうくにち》までは大丈夫《だいじょうぶ》なんですよ。

麻原彰晃　地面って？　いちおう、死んでんだぜ。それは分かってるぜ。

里村　われわれの言葉が過ぎているかは分かりませんが、言いたいのは、「今が反省のチャンスだ」ということです。
そうすれば、行き場所も変わる可能性はあります。もっとも、それは厳しいかもしれません。はっきり言って簡単なものではないでしょう。

麻原彰晃　チャンス？

里村　そうなんです。

麻原彰晃　俺《おれ》、今、すっごいピンチだと思ってる。

里村　え？　すごいピンチだと思っている？　今がチャンスなんですよ。もしかしたら、今後五百年、千年続く苦しみの時間を少なくするチャンスなんです。

矢内　自分が犯《おか》した罪に気がつくチャンスなんですよ。そして、反省してほしいと思います。

麻原彰晃　いや、まあ、ほんとにエメラルド色に輝《かがや》いた、そういう尊師《そんし》用の部屋を用意してもらってね、そこでかしずくような弟子がいっぱいいてねえ、そういうところに住みたいなあ。

大川隆法　オウム真理教の後継《こうけい》団体が三つあって、「Aleph《アレフ》」という団体は全国に二十四カ所ぐらい施設《しせつ》を持っていて、信者が約千五百人いるという話です。あと、「ひかりの輪」ともう一つありますけれども、こういう人たちがあなたの言ったことをまだ信じていると思うのです。

麻原彰晃　そうです。まだいますよ、弟子が。

大川隆法　彼らを救ってあげなければならないのですが、まだあなたへの信仰《しんこう》を持ち続けているのです。彼らを助けてあげなさいよ。

麻原彰晃　まあ、私を信じることだなあ、やっぱり。

大川隆法　彼らのところに行けば、それは行き場所はあるでしょう。隠《かく》れて、あなたの写真を飾《かざ》っているところもあるわけです。

麻原彰晃　うーん、あるでしょうなあ。

里村　あなたを信じたら、同じような道を歩んで、必ず誤りますよ。

麻原彰晃　まあ、ちょっとまだ導きの霊が来るまで待っとるけど、とにかく、それでも来なかったら、そういうところに行くかなあ。

里村　弟子たちのところにですか。

麻原彰晃　そうそう。これで、今、復活したことが証明されたから、ますます信仰心が増大するだろうなあ。

里村　この霊言《れいげん》で示されたのは、「〝最終解脱者〟と称《しょう》した人が、結局、死後において行き場所もなくなる」ということです。

大川隆法　生前はヒットラー等も尊敬していたらしいと聞いていますが、彼も来ないようですね。

麻原彰晃　うーん。

大川隆法　なぜでしょうか。

麻原彰晃　なんでかなあ……。

大川隆法　あなたはまだそれほどの悪魔にもなっていないようです。

麻原彰晃　まあ、たぶん政党でうまくいかなかったから。俺は政治家じゃないからなあ。それでじゃないか？

矢内　「眼がたくさんあって、脚がたくさんある存在」が迎《むか》えに来るのではないですか。

大川隆法　眼がたくさんあって、脚がたくさん……（笑）。

麻原彰晃　うーん、分かんないけど、とにかく、あれよ……。

里村　何かニーチェっぽいところもあります。

麻原彰晃　ええ？　ニーチェっぽい？

大川隆法　そんなに偉いことないですよ。ニーチェを尊敬している人もいますから。

麻原彰晃　ソクラテスとかニーチェとか、そういうことを言っても俺は分からんよ。

大学を出てねえから。

山賊《さんぞく》の親分程度で、弟子《でし》を犠牲《ぎせい》にして逃《に》げるタイプの麻原霊

大川隆法　この人は、山賊《さんぞく》の首魁《しゅかい》というか、親分程度のレベルの人でしょう。山に立て籠《こ》もって、山賊や追い剝《は》ぎをしていたようなタイプの魂《たましい》ですね。思想性がそれほど高いわけではありません。

斎藤　身ぐるみを剝いでしまうという……。

大川隆法　そうそう。過去にそういう人はたくさんいましたね。

斎藤　そういう行動が現代に起きると、国家転覆《てんぷく》や、人を騙《だま》してお金を奪ったり命を奪ったりするようなことになるわけですね。

麻原彰晃　（斎藤に）おまえの家《うち》、ちょっと貸せよ。

斎藤　なぜ、私のところに（苦笑）。

矢内　しかも、石川五右衛門のときは、釜茹《かまゆ》での刑に処せられたと思いますが、自分の子供を踏《ふ》み台にして、最後まで生き残ろうとしましたよね。

麻原彰晃　よく知ってるじゃん。

矢内　今回も似たようなことをしているのではないですか。あなたの子供に対して、親としてどういう思いを持っていたのですか。

麻原彰晃　いやいや、子供はそうでもないよ。後《あと》を継《つ》いでくれるかもしれないと思ってるから。

矢内　弟子《でし》に対してもどうですか。

麻原彰晃　いや、ただ、さっき総裁が言った、親はちょっと憎いねえ。親は許せん。チッ（舌打ち）。

子供はかわいくないわけではないよ、俺は。

里村　今、大川総裁から直接声をかけていただいて、そうした恨み心など、すべて指《し》摘《てき》を頂いたのです。これが分からないから、ずっと反省の時間が長くなるんですよ。今、すごいチャンスを……。

麻原彰晃　「ひどい境遇《きょうぐう》で生まれても、恨んじゃいけない」という理由がよく分かんないんだよ、それが。普通、恨むでしょ？　百人中、百人が。

里村　「憎しみを超える」というところが、宗教の素晴《すば》らしさなんですよ。

麻原彰晃　宗教の素晴らしさ……。憎しみを超えるんか。

里村　「愛」という言葉で、それを乗り超えることはできるのです。

麻原彰晃　超えられるの？

斎藤　復讐《ふくしゅう》するのではなくて、心からの感謝で憎しみを超えていくことが大事なのです。

麻原彰晃　はああ。憎しみを超えていく？　憎しみに勝《まさ》る感情なんかあんの？

里村　いや、それを超えるのが愛なのです。

麻原彰晃　愛？　愛なんかやってたらさあ、それこそ殺されちゃうじゃん。

里村　いやいや。

斎藤　そのように自己保存で、「自分の生命だけが確保されて、安全が保証されればいい」という考えだから、逮捕《たいほ》劇のときも、あなたは最後の最後までベニヤ板のようなものでつくられたところに隠れていたではないですか。

麻原彰晃　いや、それが人間じゃん。

大川隆法　あれは恥《は》ずかしかったですね。サダム・フセインが見つかったときと、そっくりでした。

斎藤　姿が本当にそっくりでした。

麻原彰晃　「そこなら見つからない」って弟子が言うから、ちゃんと隠れて何が悪いんだ。

大川隆法　隠れ場所をつくっていたのです。

斎藤　最後の最後まで見つからないように、ほかの弟子をすべて犠牲《ぎせい》にして自分だけの安泰《あんたい》を図《はか》ろうとして、最後は見つかったわけです。

麻原彰晃　何か見てきたかのように言うね。

斎藤　いや、報道されていました。

大川隆法　ベニヤ板か何かで部屋をつくって、そこに寝《ね》て隠れていましたよね。

斎藤　サダム・フセインとそっくりでした。自分の生命のことばかり考えています。

大川隆法　そういうところに素質、筋《すじ》が見えますよね。

斎藤　「自己犠牲の精神」のようなものはまったくないですからね。真逆です。

矢内　まったく宗教的ではありません。

麻原彰晃　弟子が護《まも》らなかったからなあ、教祖をなあ。そら、宗教団体だとは言えないわな、確かになあ。それは反省するよ。尊師を護る弟子の養成にはうまくいかなかったかもしれないなあ。

里村　いや、それはなぜかと言えば、信仰がないからなんです。

麻原彰晃　ああ？　信仰がない？　いや、だから、神秘現象をさんざん見せてるんだって、こっちは。

里村　神秘現象から宗教へ行くにはもう一段必要ですよ。信仰という橋が一つ架《か》からなければなりません。

麻原彰晃　そうなの？

矢内　覚醒剤《かくせいざい》による神秘現象なんて、それは本物じゃないから。

麻原彰晃　覚醒剤？　覚醒剤の何が悪いの？

里村　神秘現象というものは、縁《よすが》としてはあるんです。現象としては。

麻原彰晃　あるでしょ？

里村　あるんですけれども、そこからさらに、主への信仰を立てていくところに宗教が始まっていくわけです。

麻原彰晃　まあ、現実がつらいという人、世の中にいっぱいいいるのよ。それを忘れさせてくれるものに、ちょっと手を出したからって、何が悪いのよ。

里村　いや、その「忘れさせてくれるもの」という建前で、人のものを盗み、命を取った。それによって、今回、この世的な処罰《しょばつ》として下ったのが死刑執行です。さらに言うと、これからあの世で宗教的、霊的《れいてき》な処罰が始まります。

麻原彰晃　霊的な……（笑）。それ、意味、分かんない（笑）。さっき、もう、俺は死刑になったんだろう？　だから、それでいいじゃないのよ。

里村　でも、まだ霊としては存在していると。だから、居場所が、行き場所がない。

麻原彰晃　うーん。だから、それが何か不思議でしょうがないなあ。俺はまだ生きて……。死んだけど、生きてる。

里村　それでは、残った弟子の方たちがどんなふうにしているか、これからちょっとご覧になりに行ったほうがいいのではないですか。

麻原彰晃　まあ、見に行くけど……。「尊師が亡くなって、復活したことによって、もう一段、信仰を深めなさい」と。

里村　おそらく、ほどなくして地面の底が割れて、パッと居場所が見えてくると思います。

麻原彰晃　おっかしいなあ。導きの霊が来ないなあ。

矢内　死刑になっただけでは罪は消えないんですよ。

麻原霊の行き先は人と接触《せっしょく》できない「無間地獄《むけんじごく》」

大川隆法　基本的には、このタイプは、社会的に存在が有害なので、人とは接触《せっしょく》できないかたちになることが多いと思います。ですから、地獄《じごく》のなかには「無間地獄《むけんじごく》」というところがありますけれども、ほかの人の姿が見えず、自分一人しかいない世界に行かされる可能性のほうが高いと思いますね。

斎藤　あ！　無間地獄ですか。

大川隆法　誰も人がいない、話もできないところに、ずっと何百年もいる感じになる可能性は高い。

麻原彰晃　それは困るなあ。

大川隆法　たぶん、独房《どくぼう》にいたときのまま、同じでしょう。

麻原彰晃　ちゃんとご飯《はん》を運んでくれる人がいないと困るんだよな。

里村　ずっとお腹《なか》が空《す》いたまま、ずっと生きますから。

麻原彰晃　いや、それ困るねえ。

大川隆法　でも、あなたの後継団体になって、まだ信じている人がいるから、これを助けてやる必要があります。あなた、少しは罪を認めなさいよ。

麻原彰晃　うーん。

大川隆法　かわいそうだと思わないか。

麻原彰晃　うーん……。

大川隆法　彼らの人生を狂《くる》わせていいの？

麻原彰晃　うーん……（約五秒間の沈黙《ちんもく》）。

大川隆法　毒ガスのサリンをつくって、地下鉄などで大勢の人を殺し、さらに、ミニヘリコプターで東京都の上空から振り撒《ま》いて五十万人以上も殺そうとしていたなんて、こんなことを仏陀《ぶつだ》がするわけはないでしょう？　なぜ、それが分からないの？　それくらいのことは幼稚園児《ようちえんじ》でも分かるでしょう？

麻原彰晃　まあ、でも、困ってる人を助けなかった国家は悪いでしょ。

大川隆法　『ルパン三世』のアニメーションのようなものが教団からたくさん出てくる。何だ、これは」と、警察が言っていたと思います。

麻原彰晃　ああ、観《み》てました。ええ。

大川隆法　結局、ああいうものをまねしているのでしょう？

麻原彰晃（「ルパン三世」の登場人物の）「石川五ェ門」も、何か、スーパースターじゃないですか。ねえ。何て言うの、刀ですごい……。

大川隆法　表社会で実現できないことを、裏社会で実現しようとしたのでしょう？結局、そういうことだろう。

里村　はい。それを夢想にとどめず、本当に行動に移した悲劇が、オウムの悲劇だったんですよ。

大川隆法　言うことをきく人がいて、その人たちを飾って、コントロールをしてね。それで、組織が「二重構造」になっていて、下のほうの一般《いっぱん》の信者は、真面目《まじめ》に修行《しゅぎょう》させているように見せたりしてやっていました。

9 「憲法」「民主主義」「善悪」の意義を正しく捉《とら》えよ

幸福の科学は、宗教性善説である憲法の要請《ようせい》どおりに、麻原を批判してきた

大川隆法　本当に国家的損失ではありましたし、巻き込《こ》まれた人たちに多くの悲劇を生んだわけです。それから、宗教全体に対するイメージをものすごく悪くしました。

私たちもせっかく新しい宗教の時代をつくろうとしているのに、オウム教が出てきて、本当に苦労したのです。一緒《いっしょ》にされて、本当に困ったこともずいぶんありました。

善悪の概念《がいねん》というか、道徳を根本《こんぽん》から破壊《はかい》したようなところがあるでしょう。

「日本国憲法」の「信教の自由」というのは、宗教性善説で成り立っているんですよ。もちろん、宗教には、善なるものも悪なるものもあると思っているでしょうが、「自由に伝道させたら、善なるものの信仰《しんこう》が増え、悪なるものを駆逐《くちく》していくだろう」という前提でやっているものなのです。

「言論の自由」というものも同じです。言論にはよいものも悪いものもあるだろう

けれども、「自由にさせたら、よいもののほうが増え、支持者が増えて、悪いものを駆逐するだろう」という善意の下《もと》で「言論の自由」や「信教の自由」もつくられているのです。

そのように、「宗教界のなかで切磋琢磨《せっさたくま》すべきだ」という考えが前提にあるから、私たちは、あなたがたの間違《まちが》っているところを宗教的に批判したわけです。

ですから、別に憎《にく》かったわけではありませんし、間違っているほうへ人々を引き込んでほしくないから批判をしただけなのです。それは「日本国憲法」の要請《ようせい》どおりにやっただけです。警察等では、宗教の間違いまでは分からないですからね。

麻原彰晃　分からないでしょうね。分からんでしょう、あいつらには。うーん。

麻原の死刑《しけい》は、断じてイエスやソクラテスのような死ではない

大川隆法　ただ、イエスやソクラテスが死刑《しけい》になったときのようなことを弟子《でし》たちが言い回って、教団を復活させようとするような動きにでもなったら、ちょっと困るので、この違いははっきりさせておかないといけないでしょう。

あなたの言葉のなかには、愛の一欠片《ひとかけら》もありませんでした。それから、亡《な》くなった方への同情の一欠片もなかった。

イエスは十字架《じゅうじか》に架かったけれども、共に十字架に架かった人たちに対するいたわりの心もあったし、自分を死刑にしていく人たちの罪、彼らが罪を贖《あがな》わなければいけないことに対する同情さえ持っていましたからね。

麻原彰晃　そうなんですか、それ……。

大川隆法　全然違いますよ、あなたとはね。

麻原彰晃　そうですか、ほう。

じゃあ、「私に対する報復合戦はしないでもいいよ」っていうことだけは言い遺《のこ》しておこう。うん。

里村　今、イエスの復活というものを大川総裁がおっしゃったように、イエス様はそもそも人を殺していませんから。

麻原彰晃　あ？　イエスは人を殺せないの？　ふうーん。

大川隆法　上川《かみかわ》法務大臣は、今日、死刑執行《しっこう》の記者会見をしましたけれども、今日から家にも帰れず、しばらくはどこかのホテルにでも隠《かく》れて過ごすことになるのでしょう。

麻原彰晃　ああ、怖《こわ》がって。

大川隆法　やはり、あなたがたは社会的脅威《きょうい》ですからね。テロリストのように見えているんですから。そんなのは、正しい宗教のあり方ではないでしょう？

麻原彰晃　うーん。まあ、私は死んだから、あとはもういいや。別に報復までしなくていいよ。それはじゃあ、言っといていいよ。

里村　「報復は考えるな」と。

麻原彰晃　うん。「あとは、自分の好きにしろ」と。まあ、そう伝えといてくれ。もう、俺《おれ》はこれで……。

里村　これから、少し反省に入って、自分を振《ふ》り返ると。

麻原彰晃　あ？　いや、俺は、導きの霊《れい》が来るのを待ってるよ。

斎藤　そのまま居座《いすわ》らずに、スピリチュアル・エキスパートから出てくださいね。

大川隆法　ロシア製の機関銃《きかんじゅう》をもとに、理科系のエリートにたくさんつくらせたりするところなどは、「ルパン三世」のようなものにはあるのかもしれませんが、そんなものが、仏陀《ぶっだ》の教え、宗教のなかにあってよいはずがないでしょう。やはり、おかしいですよね。

麻原彰晃　まあ、でもねえ、宗教の違いなんか、日本人には分からんよ、ほんとに。絶対、分かんないと思うね。

里村　それを分かっていただくように、われわれは、時間と戦いながら、ずっと続けていきます。

麻原彰晃　寿命《じゅみょう》とね、寿命と戦わんとね、あなたもね。血圧高そうじゃない？

里村　宗教として、一人ひとりの生命を超《こ》えて、時間の流れのなかで、しっかりと広げていきますので。

民主主義の基礎《きそ》は「多くの人の目にさらすと善悪が分かってくると信じること」にある

大川隆法　民主主義の基礎《きそ》は、「多くの人の目にさらしていると、だんだんに善悪が分かってくることを信じること」にあるのです。

ですから、あなたがたが集団で住んでいると、どこでも嫌《きら》われて、みんなが「おかしい」と言い始めるのです。

当会でも、幸福の科学学園の関西校を開くときには反対の幟《のぼり》がたくさん立っていましたけれども、開校して数年たったら、もう、幟はほとんどなくなりました。毎日見ていたら、おかしいか、おかしくないかぐらいは分かるものです。

あなたがたを近くで見ていて、「おかしい」と思う人たちが増えていったというのは、やはり、おかしいわけですよ。

麻原彰晃　学校かぁ……。ふうーん。そうですか。

里村　ここがまったく違うところですから。

麻原彰晃　違うんですか。

大川隆法　あなたがたは、基本的に法治《ほうち》国家というものを認めていませんよね。

麻原彰晃　ああ、それはおかしいもんね。うん。

大川隆法　ほとんど理系の人ばかりで、なかには京大卒の弁護士もいたと思いますが、左翼《さよく》系の学生運動に入るようなタイプの人でした。

麻原彰晃　ああ、青山《あおやま》ですか。

大川隆法　青山吉伸《よしのぶ》さんですね。あの人が訴訟《そしょう》を連発していました。それでみんな怖がってね。

麻原彰晃　すごい優秀《ゆうしゅう》だったんですよ、あれ。うん。あいつが私のことを〝マルクス〟と言ったかな。

大川隆法　いや、部分的には優秀でも、全体的には優秀ではないでしょう。

麻原彰晃　優秀な弟子だったんだけどなあ。

大川隆法　「道徳が分からないレベル」の優秀さだからね。

里村　ええ。そうです。その弁護士であっても、結局、刑務所に入りましたし、今回、弟子も六人が死刑で亡くなりました。

麻原彰晃　それも驚《おどろ》いたな。弁護士が刑務所に入る理由が分かんねえなあ。うーん。

斎藤　宗教というよりも、道徳以下。その前段階の道徳を破壊するもので、もう全然、善悪の区別はなくなっています。

宗教性善説の警察が捜査《そうさ》を躊躇《ちゅうちょ》したので、宗教の幸福の科学が価値判断を示して動かした

大川隆法　警察が躊躇《ちゅうちょ》したのも、「宗教は、基本的に善なるものだ。社会の安定に役に立つものだ」と思っていたからでしょう。社会がよくなるために必要なものだと思っていたから、ものすごく足踏《あしぶ》みしていたと考えられるのですが、幸福の科学が「オウム教は宗教的に間違っている」という価値判断を示したので、警察が動けるようになったところはあるわけです。

同時期の宗教として、当会が言いすぎたように見えるかもしれないけれども、三十数年たって、結果を見れば、私たちのほうは、自然に世界中に広がっていますし、あなたがたは、刑務所に入って死刑執行されています。この因果《いんが》の理法《りほう》は、そのとおりに完結しているではありませんか。

麻原彰晃　うーん、まあ、うーん……。

大川隆法　ということで、「無間地獄《むけんじごく》行き」です。はい、決定です。

10　後継《こうけい》三団体の信者へのメッセージ

麻原霊の主張

「(後継三団体は)報復合戦はするな。
　自分で考えろ。どうでもいい」

大川隆法　あなたはまもなく隔離《かくり》されますから、弟子《でし》たちに、何か過《あやま》ちを正す一言《ひとこと》があるなら、今のうちに言ってください。少しでも彼らを愛する気持ちがあるならね。

麻原彰晃　うん、まあ、愛する気持ちっていうか、私の報復合戦はしなくていいっすよ、それは。

大川隆法　それはそうでしょうね。ヤクザの団体なら、そうかもしれませんが。

麻原彰晃　自分で考えてやったらいいいんじゃないの、それぞれ。三つに分かれてどこがどうなろうが、私はもうどうでもいいや、それは。自分で考えたらいいんじゃないの。

大川隆法　宗教界全体に対する申し送り事は何かありませんか。みんな困っているはずですよ、これから宗教活動がしにくくて。

麻原彰晃　うーん、まあ、本物の神が誰《だれ》かっていうのは、それは難しいんじゃないの？　私もそうだけど。何が正しくて何が間違《まちが》っているかなんていうのは、ほんとに分からない世の中なんじゃないの？　そういう教育も受けてないし。この国は特にしてないし。教育も悪いんじゃないの？　それはずっと思ってたよ、俺《おれ》は。教育も悪いなって。

大川隆法　仕事でも、人を騙《だま》す仕事はどうせ潰《つぶ》れるし、宗教にしても、人を騙してやっているようなものは長くは続かないものだと、いちおう思いますけどね。

麻原彰晃　そうですかあ、騙したら続かないですかあ。

大川隆法　ああ（ため息）。反省ができないか。宗教家であっても、反省の一言が解説できないか。

麻原彰晃　反省ねえ……。

里村　今日も、「反省って何？　分からない」と何回か言いましたから。

大川隆法　分からない？　「反省」も「愛」も分からない？　うーん。

麻原彰晃　分からん。

里村　ただ、行き場所は「無間地獄《むけんじごく》」であるということがはっきりと分かったので。

麻原彰晃　〝無限〟？　って何。

里村　はい。無間地獄です。

麻原彰晃　む、む、無限……。無限に広がる空間か？

里村　いやいや、それが分からないというのもいかがなものかと思いますので。

大川隆法　孤独《こどく》な監獄《かんごく》のようなものですよ。井戸《いど》の底のようなところに何百年か入れられると思います。

麻原彰晃　ああ、今まで入っていたところと同じところに行くってことかあ。

里村　ええ。まあ、同じような場所です。

麻原彰晃　うーん……、分からんなあ。

大川隆法　接触《せっしょく》させると、黴菌《ばいきん》がうつるように、思想的におかしい人が増えるから、そうなるのですけれども。

麻原彰晃　うーん……。

大川隆法　まあ、少しでも反省してくれるといいのだけどね。反対をするために、幸福の科学の本も研究しただろうに。頭には入っていないのでしょう。

里村　今日のこの霊言《れいげん》を多くの方が知ることで、本人は分からなくても、周りに、その根っこの部分がよく分かる人が増えていけば、本人も結果的には反省する機会もできてくると思いますので。

麻原彰晃　何か行き場所が分からんから来たんだけど、無限、何、地獄?

里村　無間地獄です。

麻原彰晃　それ、何?　牢屋《ろうや》みたいなところなの?　また死刑《しけい》に……。

大川隆法　地獄にいるほかの人たちのことを見ることも、話すこともできないところに隔離されるということです。

オウム教を信じる心を持つ人は、いち早く離《はな》れるべき

麻原彰晃　また禁錮《きんこ》刑っていうか、牢屋に入れられちゃうわけ?

里村　そうです。

麻原彰晃　それは困るなあ。

大川隆法　しかし、食べたり飲んだりもしませんけどね。

麻原彰晃　あ、食べ物。え、来ない？

大川隆法　食べ物も来ない。

麻原彰晃　それ、困るなあ。

大川隆法　ほかの悪魔《あくま》とさえ会えない。

麻原彰晃　会えない。うーん、それ、困るなあ……。

里村　はい。ということで、もう一度、無期懲役《ちょうえき》に等しいかたちで。

麻原彰晃　無期懲役って、おまえ……。

里村　やがては、それが慈悲《じひ》でもあることが分かると思いますので、反省すると。

麻原彰晃　反省？

里村　待ってくださる方がいるということです。

麻原彰晃　反省かあ。反省して……。

斎藤　今日、あなたが話してくださった話を聞くと、あなた自身は分からないかもしれなくても、周りで聞いている人にとっては、本当に、何が正しくて何が間違った宗教かということがはっきりと分かる、そのような時間を頂きました。

その点については、私たちも感謝させていただいております。

大川隆法　オウムを信じる心があるような人たちは、いち早くその宗教から離《はな》れることをお勧《すす》めいたします。自分たちもまた迷いのなかに入っていくと思いますから。
どうか、幸福の科学のほうで正しい教えを説いていますので、そちらのほうを勉強してください。それをお願いしたいと思います。

里村　はい。それでは、もう去っていただきたいと思いますので。

大川隆法　ああ、チャネラーから出さなければいけないんだ。

麻原彰晃　ああ、俺、俺、どこ行くんだ、俺は。

大川隆法　出てくれるかな。

里村　迎《むか》えが来ますので。

大川隆法　もう出しますよ？

麻原彰晃　迎えが来るの？

大川隆法　（スピリチュアル・エキスパートに）はい、はい、出すよ！　はい！　はい（手を一回叩《たた》く）！　はい、出なさい（手を二回叩く）！　はい、出なさい！　はいっ（手を一回叩く）！　はいっ（手を一回叩く）！　はいっ（手を一回叩く）！

11　麻原が宗教の名を辱《はずかし》めたことは残念

大川隆法　この人（宇田《うだ》）も、（霊《れい》を入れたあとは）何か残留して調子が悪くなるらしいので、申し訳ないですね。

里村　はあ……。

大川隆法　まあ、でも、（麻原霊に）いちおうしゃべらせただけでも、だいぶガスは抜《ぬ》けていますので、弱くはなります。言うことがないですからね。

里村　はい。

大川隆法　最後の狂言《きょうげん》状態を二十年も続けたのだろうから、ちょっと普通《ふつう》ではなくなっているかもしれません。ただ、年を取った分だけ、昔ほどの覇気《はき》も多少はなくなっていましたね。

里村　はい。

大川隆法　うん。（オウム教は）自然消滅《しょうめつ》してほしいとは思いますけれども。宗教の名を辱《はずかし》めたことは残念だと思います。

以上にしましょうか。

斎藤　はい。ご指導、まことにありがとうございました。

里村　ありがとうございました。

あとがき

私ともう一人のチャネラーに入れて霊言させてみて、麻原が、何らの悟りも得ておらず、「オウム事件」に対しても何ら反省していないことが明らかになった。この後、彼は地獄の最深部にある「無間地獄《むけんじごく》」という、絶対隔離《かくり》の世界に赴《おもむ》くことになるだろう。

「オウム事件」が、日本の宗教界に激震《げきしん》を走らせて、日本人の宗教嫌いに拍車《はくしゃ》をかけた事実は否《いな》めない。結果的には、日本という国を、中国のような無神論・唯物論の宗教弾圧国家に近づけたことは残念である。

私たちが「オウム」批判の声を上げ、行動をしたことは本文に書かれている通りだが、正当に評価されたことはほぼ皆無《かいむ》であったろう。私たちの力不足もあって、「オウム」の暴走を止《と》めきれなかったことは残念である。

まさか本文中の麻原霊の大ボラを信じる人はいないと思うが、宗教学者たちやジャーナリストたちも騙《だま》されたぐらいなので、否定しながら読んで頂きたい。そして真実の仏陀《ぶっだ》の声を聞いてほしい。

二〇一八年　七月八日

幸福《こうふく》の科学《かがく》グループ創始者兼総裁《そうししゃけんそうさい》　大川隆法《おおかわりゅうほう》

『麻原彰晃の霊言』大川隆法著作関連書籍

『太陽の法』（幸福の科学出版刊）
『仏陀再誕』（同右）
『人生成功の秘策』（同右）
『愛から祈りへ』（同右）
『宗教選択の時代』（同右）
『北朝鮮の未来透視に挑戦する――エドガー・ケイシー リーディング――』（同右）
『北朝鮮 崩壊へのカウントダウン 初代国家主席・金日成の霊言』（同右）
『北朝鮮――終わりの始まり――』（幸福実現党刊）
『オウム真理教撲滅作戦！』（幸福の科学広報局 編 幸福の科学出版刊）

麻原彰晃《あさはらしょうこう》の霊言《れいげん》
──オウム事件の「本当の動機」と「宗教的けじめ」──

2018年7月9日　初版第1刷

著　者　大《おお》　川《かわ》　隆《りゅう》　法《ほう》

発行所　幸福の科学出版株式会社
〒107-0052 東京都港区赤坂2丁目10番14号
TEL(03)5573-7700
https://www.irhpress.co.jp/

印刷・製本　株式会社 研文社

落丁・乱丁本はおとりかえいたします

ISBN978-4-8233-0014-1 C0014
カバー：時事
装丁・写真（上記・パブリックドメインを除く）© 幸福の科学

大川隆法ベストセラーズ・**オウム問題の本質と宗教の正邪**

人生成功の秘策

宗教のパラダイム・シフト

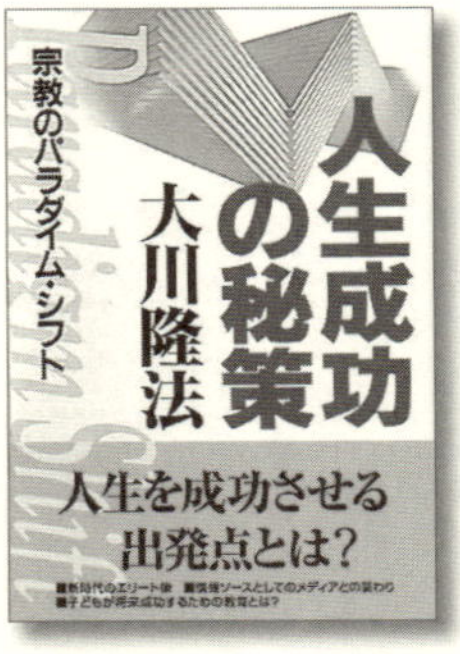

オウム教を反面教師として説かれた成功論。五戒や解脱など、仏教の正しい教えに照らして、オウム教の誤りを明らかにし、宗教選択の重要性を力説する。

1,262円

宗教決断の時代

目からウロコの宗教選び①

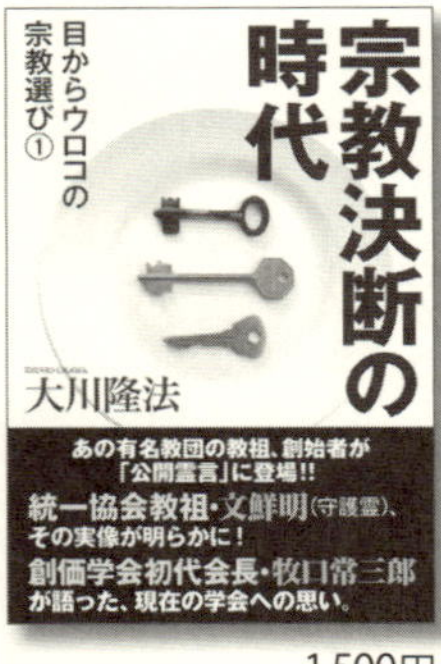

統一協会教祖・文鮮明(守護霊)、創価学会初代会長・牧口常三郎の霊言により、各教団の霊的真相などが明らかになる。

1,500円

宗教イノベーションの時代

目からウロコの宗教選び②

日本の新宗教のイメージをつくってきた立正佼成会創立者・庭野日敬、真如苑教祖・伊藤真乗、創価学会名誉会長・池田大作守護霊がその本心を語る。

1,700円

※表示価格は本体価格(税別)です。

大川隆法 霊言シリーズ・世間を揺るがした事件の真相

イラク戦争は正しかったか

サダム・フセインの死後を霊査する

全世界衝撃の公開霊言。「大量破壊兵器は存在した!」「9.11はフセインが計画し、ビン・ラディンが実行した!」――。驚愕の事実が明らかに。

1,400円

イスラム国〝カリフ〟バグダディ氏に直撃スピリチュアル・インタビュー

「イスラムの敵になることを日本人は宣言した」――。「イスラム国」が掲げる「正義」の真相を徹底解明。これに日本と世界はどう応えるのか?

1,400円

愛と障害者と悪魔の働きについて

「相模原《さがみはら》障害者施設」殺傷事件

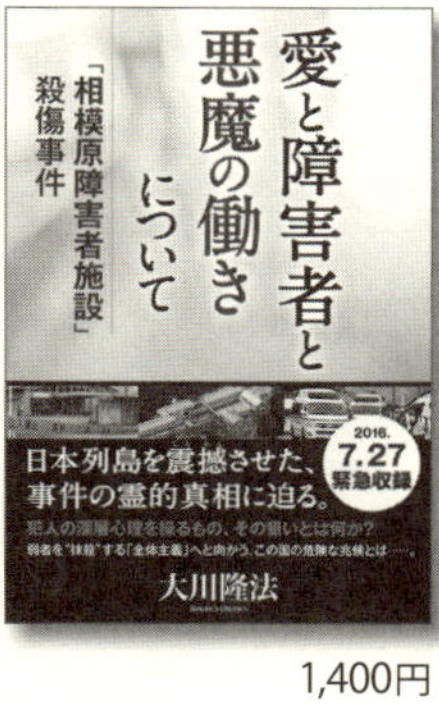

犯人を背後から操る霊的存在の「正体」とは? 弱者を〝抹殺〟する「全体主義」への危険な兆候を、宗教ジャーナリズムの観点から分析する。

1,400円

幸福の科学出版

大川隆法 ベストセラーズ・宗教学はどうあるべきか

宗教学から観た「幸福の科学」学・入門

立宗27年目の未来型宗教を分析する

幸福の科学とは、どんな宗教なのか。教義や活動の特徴とは？ 他の宗教との違いとは？ 総裁自らが、宗教学の見地から「幸福の科学」を分析する。

1,500円

宗教学者「X」の変心

「悲劇の誕生」から「善悪の彼岸」まで

かつて、オウム教を擁護し、幸福の科学を批判したX氏。その後、新宗教への評価はどう変わったのか。X氏の守護霊がその本心を語った。

1,400円

悲劇としての宗教学

日本人の宗教不信の源流を探る

死後約50年を経ても、自身の死に気づかずに苦しむ宗教学者・岸本英夫氏。日本人の宗教に対する偏見の源流はどこにあるのかが明かされる。

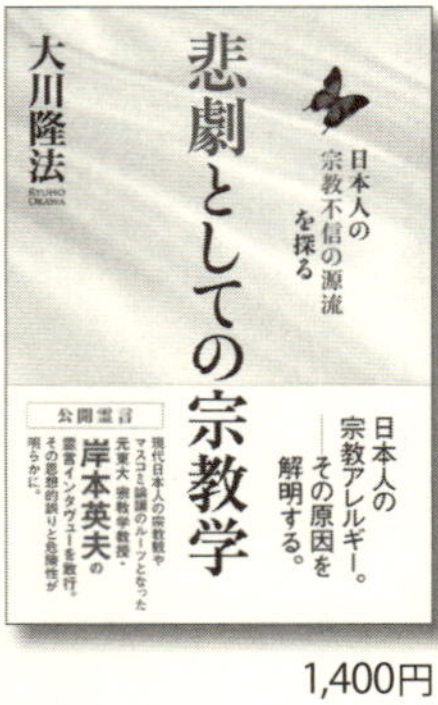

1,400円

※表示価格は本体価格（税別）です。

宗教者の条件

「真実」と「誠」を求めつづける生き方

宗教者にとっての成功とは何か──。「心の清らかさ」や「学徳」、「慢心から身を護る術」など、形骸化した宗教界に生命を与える、宗教者必見の一冊。

1,600円

真実の霊能者

マスターの条件を考える

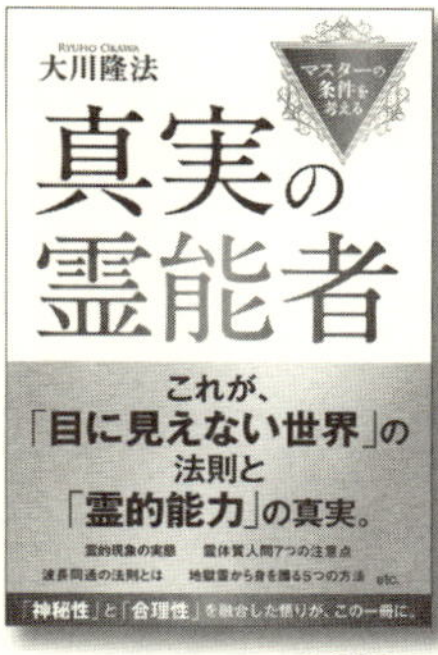

霊能力や宗教現象の「真贋《しんがん》」を見分ける基準はある──。唯物論や不可知論ではなく、「目に見えない世界の法則」を知ることで、真実の人生が始まる。

1,600円

悪魔からの防衛術

「リアル・エクソシズム」入門

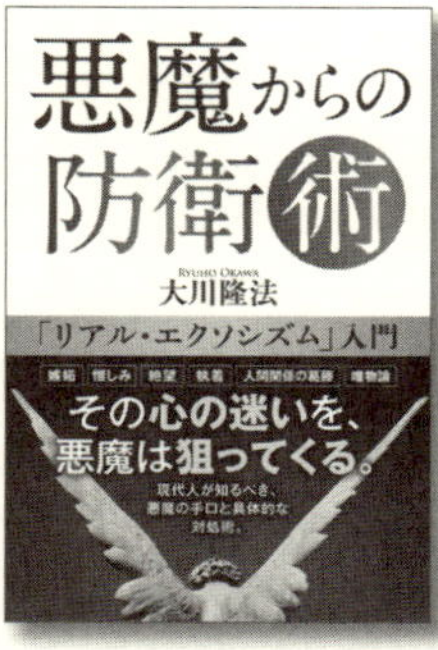

現代の「心理学」や「法律学」の奥にある、霊的な「正義」と「悪」の諸相が明らかに。“目に見えない脅威”から、あなたの人生を護る降魔入門。

1,600円

大川隆法シリーズ・最新刊

守護霊インタビュー 習近平 世界支配へのシナリオ
米朝会談に隠された中国の狙い

米朝首脳会談に隠された中国の狙いとは？　米中貿易戦争のゆくえとは？ 覇権主義を加速する中国国家主席・習近平氏の驚くべき本心に迫る。

1,400円

北朝鮮の実質ナンバー２ 金《キム》与《ヨ》正《ジョン》の実像 守護霊インタビュー

米朝会談は成功か、失敗か？　北朝鮮の実質ナンバー２である金与正氏守護霊が、世界中のメディアが読み切れない、その衝撃の舞台裏を率直に語った。

1,400円

米朝会談後の外交戦略 チャーチルの霊言

かつてヒットラーから世界を救った名宰相チャーチルによる「米朝会談」客観分析。中国、韓国、ロシアの次の一手を読み、日本がとるべき外交戦略を指南する。

1,400円

想像を絶する、
〝始まり〟へ。
3億3千万年の時空を超えて――いま、
壮大なスケールで描かれる真実の創世記。
この星に込められた、「地球神」の愛とは。
製作総指揮・原案／大川隆法
長編アニメーション映画
宇宙の法
黎明編
The LAWS of the UNIVERSE-PART I
逢坂良太　瀬戸麻沙美　柿原徹也　金元寿子　羽多野 渉　／　千眼美子
梅原裕一郎　大原さやか　村瀬 歩　立花慎之介　安元洋貴　伊藤美紀　浪川大輔
監督／今掛 勇　音楽／水澤有一　総作画監督・キャラクターデザイン／今掛 勇　キャラクターデザイン／須田正己　VFXクリエイティブディレクター／粟屋友美子
アニメーション制作／HS PICTURES STUDIO　幸福の科学出版作品　配給／日活　配給協力／東京テアトル　©2018 IRH Press
10.12［FRI］ROADSHOW
laws-of-universe.hspicturesstudio.jp

幸福の科学グループのご案内

宗教、教育、政治、出版などの活動を通じて、地球的ユートピアの実現を目指しています。

幸福の科学

一九八六年に立宗。信仰の対象は、地球系霊団の最高大霊、主エル・カンターレ。世界百カ国以上の国々に信者を持ち、全人類救済という尊い使命のもと、信者は、「愛」と「悟り」と「ユートピア建設」の教えの実践、伝道に励んでいます。

（二〇一八年七月現在）

愛

幸福の科学の「愛」とは、与える愛です。これは、仏教の慈悲《じひ》や布施《ふせ》の精神と同じことです。信者は、仏法真理をお伝えすることを通して、多くの方に幸福な人生を送っていただくための活動に励んでいます。

悟り

「悟り」とは、自らが仏の子であることを知るということです。教学《きょうがく》や精神統一によって心を磨き、智慧《ちえ》を得て悩みを解決すると共に、天使・菩薩《ぼさつ》の境地を目指し、より多くの人を救える力を身につけていきます。

ユートピア建設

私たち人間は、地上に理想世界を建設するという尊い使命を持って生まれてきています。社会の悪を押しとどめ、善を推し進めるために、信者はさまざまな活動に積極的に参加しています。

国内外の世界で貧困や災害、心の病で苦しんでいる人々に対しては、現地メンバーや支援団体と連携して、物心両面にわたり、あらゆる手段で手を差し伸べています。

年間約３万人の自殺者を減らすため、全国各地で街頭キャンペーンを展開しています。

公式サイト **www.withyou-hs.net**

ヘレン・ケラーを理想として活動する、ハンディキャップを持つ方とボランティアの会です。視聴覚障害者、肢体不自由な方々に仏法真理を学んでいただくための、さまざまなサポートをしています。

公式サイト **www.helen-hs.net**

入会のご案内

幸福の科学では、大川隆法総裁が説く仏法真理《ぶっぽうしんり》をもとに、「どうすれば幸福になれるのか、また、他の人を幸福にできるのか」を学び、実践しています。

入会

仏法真理を学んでみたい方へ

大川隆法総裁の教えを信じ、学ぼうとする方なら、どなたでも入会できます。入会された方には、『入会版「正心法語」』が授与されます。

ネット入会 入会ご希望の方はネットからも入会できます。
happy-science.jp/joinus

三帰《さんき》誓願《せいがん》

信仰をさらに深めたい方へ

仏弟子としてさらに信仰を深めたい方は、仏《ぶっ》・法《ぽう》・僧《そう》の三宝《さんぽう》への帰依を誓う「三帰誓願式」を受けることができます。三帰誓願者には、『仏説・正心法語《しょうしんほうご》』『祈願文《きがんもん》①』『祈願文②』『エル・カンターレへの祈り』が授与されます。

幸福の科学 サービスセンター
TEL 03-5793-1727
受付時間／
火～金：10～20時
土・日祝：10～18時

幸福の科学 公式サイト
happy-science.jp

ハッピー・サイエンス・ユニバーシティ

Happy Science University

ハッピー・サイエンス・ユニバーシティとは

ハッピー・サイエンス・ユニバーシティ（HSU）は、大川隆法総裁が設立された「現代の松下村塾」であり、「日本発の本格私学」です。建学の精神として「幸福の探究と新文明の創造」を掲げ、チャレンジ精神にあふれ、新時代を切り拓く人材の輩出を目指します。

人間幸福学部　経営成功学部　未来産業学部

HSU長生キャンパス TEL **0475-32-7770**

〒299-4325　千葉県長生郡長生村一松丙 4427-1

未来創造学部

HSU未来創造・東京キャンパス

TEL **03-3699-7707**

〒136-0076　東京都江東区南砂2-6-5　公式サイト **happy-science.university**

学校法人 幸福の科学学園

学校法人　幸福の科学学園は、幸福の科学の教育理念のもとにつくられた教育機関です。人間にとって最も大切な宗教教育の導入を通じて精神性を高めながら、ユートピア建設に貢献する人材輩出を目指しています。

幸福の科学学園

中学校・高等学校（那須本校）

2010年4月開校・栃木県那須郡（男女共学・全寮制）

TEL **0287-75-7777** 公式サイト **happy-science.ac.jp**

関西中学校・高等学校（関西校）

2013年4月開校・滋賀県大津市（男女共学・寮及び通学）

TEL **077-573-7774** 公式サイト **kansai.happy-science.ac.jp**

仏法真理塾「サクセスNo.1」

全国に本校・拠点・支部校を展開する、幸福の科学による信仰教育の機関です。小学生・中学生・高校生を対象に、信仰教育・徳育にウエイトを置きつつ、将来、社会人として活躍するための学力養成にも力を注いでいます。

TEL 03-5750-0747(東京本校)

エンゼルプランV　TEL 03-5750-0757

幼少時からの心の教育を大切にして、信仰をベースにした幼児教育を行っています。

不登校児支援スクール「ネバー・マインド」　TEL 03-5750-1741

心の面からのアプローチを重視して、不登校の子供たちを支援しています。

ユー・アー・エンゼル!(あなたは天使!)運動

一般社団法人 ユー・アー・エンゼル　TEL 03-6426-7797

障害児の不安や悩みに取り組み、ご両親を励まし、勇気づける、障害児支援のボランティア運動を展開しています。

NPO活動支援

いじめから子供を守ろうネットワーク

学校からのいじめ追放を目指し、さまざまな社会提言をしています。また、各地でのシンポジウムや学校への啓発ポスター掲示等に取り組む一般財団法人「いじめから子供を守ろうネットワーク」を支援しています。

公式サイト mamoro.org　ブログ blog.mamoro.org

相談窓口 TEL.03-5719-2170

百歳まで生きる会

「百歳まで生きる会」は、生涯現役人生を掲げ、友達づくり、生きがいづくりをめざしている幸福の科学のシニア信者の集まりです。

シニア・プラン21

生涯反省で人生を再生・新生し、希望に満ちた生涯現役人生を生きる仏法真理道場です。定期的に開催される研修には、年齢を問わず、多くの方が参加しています。全国146カ所、海外17カ所で開校中。

【東京校】TEL 03-6384-0778　FAX 03-6384-0779

メール senior-plan@kofuku-no-kagaku.or.jp

幸福実現党

内憂外患《ないゆうがいかん》の国難に立ち向かうべく、2009年5月に幸福実現党を立党しました。創立者である大川隆法党総裁の精神的指導のもと、宗教だけでは解決できない問題に取り組み、幸福を具体化するための力になっています。

幸福実現党 釈量子サイト　**shaku-ryoko.net**

Twitter　**釈量子@shakuryokoで検索**

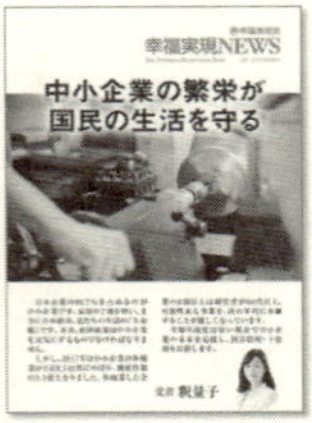

党の機関紙
「幸福実現NEWS」

幸福実現党　党員募集中

あなたも幸福を実現する政治に参画しませんか。

○幸福実現党の理念と綱領、政策に賛同する18歳以上の方なら、どなたでも参加いただけます。

○党費：正党員（年額5千円［学生 年額2千円］）、特別党員（年額10万円以上）、家族党員（年額2千円）

○党員資格は党費を入金された日から1年間です。

○正党員、特別党員の皆様には機関紙「幸福実現NEWS（党員版）」が送付されます。

＊申込書は、下記、幸福実現党公式サイトでダウンロードできます。

住所：〒107-0052　東京都港区赤坂2-10-8 6階 幸福実現党本部

TEL **03-6441-0754**　FAX **03-6441-0764**

公式サイト **hr-party.jp**　若者向け政治サイト **truthyouth.jp**

出版　メディア　芸能文化　幸福の科学グループ

幸福の科学出版

大川隆法総裁の仏法真理の書を中心に、ビジネス、自己啓発、小説など、さまざまなジャンルの書籍・雑誌を出版しています。他にも、映画事業、文学・学術発展のための振興事業、テレビ・ラジオ番組の提供など、幸福の科学文化を広げる事業を行っています。

アー・ユー・ハッピー？
are-you-happy.com

ザ・リバティ
the-liberty.com

幸福の科学出版
TEL **03-5573-7700**
公式サイト **irhpress.co.jp**

THE FACT
ザ・ファクト
マスコミが報道しない
「事実」を世界に伝える
ネット・オピニオン番組

ザ・ファクト　検索

NEW STAR PRODUCTION

ニュースター・プロダクション

「新時代の"美しさ"」を創造する芸能プロダクションです。2016年3月に映画「天使に"アイム・ファイン"」を、2017年5月には映画「君のまなざし」を公開しています。公式サイト **newstarpro.co.jp**

ARI Production

ARI《アリ》 Production《プロダクション》

タレント一人ひとりの個性や魅力を引き出し、「新時代を創造するエンターテインメント」をコンセプトに、世の中に精神的価値のある作品を提供していく芸能プロダクションです。公式サイト **aripro.co.jp**

大川隆法　講演会のご案内

大川隆法総裁の講演会が全国各地で開催されています。講演のなかでは、毎回、「世界教師」としての立場から、幸福な人生を生きるための心の教えをはじめ、世界各地で起きている宗教対立、紛争、国際政治や経済といった時事問題に対する指針など、日本と世界がさらなる繁栄の未来を実現するための道筋が示されています。

2018年7月4日 さいたまスーパーアリーナ「宇宙時代の幕開け」

2017年5月14日 ロームシアター京都「永遠なるものを求めて」

2017年8月2日 東京ドーム「人類の選択」

2018年2月3日 都城市総合文化ホール（宮崎県）「情熱の高め方」

2017年12月7日 幕張メッセ（千葉県）「愛を広げる力」

講演会には、どなたでもご参加いただけます。最新の講演会の開催情報はこちらへ。⟹ 大川隆法総裁公式サイト https://ryuho-okawa.org